はじめてでも簡単！ 毎日がラクになる
電気圧力鍋の絶品レシピ

JN038968

はじめに

　今、 ラクしておいしい料理ができる、 調理家電が大人気です。 なかでも、 電気圧力鍋は、 調理をおまかせできる上に機能が充実していて、 操作が簡単で価格も手頃であることがうけて、 大人気アイテムのひとつになっています。

　電気圧力鍋は、 従来の圧力鍋とどう違うの?と聞かれることが多いのですが、 今までの圧力鍋のお悩みをほぼ解決できる本当に優秀な調理家電、 と私は答えています。

　従来の圧力鍋は直火式です。 私の母は4姉妹の子育てと家庭菜園の管理とで忙しい日々を送るなか、 毎日の食事作りに、 圧力鍋 (直火式) を利用していました。 「危ないから触っちゃ駄目よ!」 とよく母から注意されたことを覚えています。 圧力鍋は時短で料理ができるすぐれた調理道具です。 しかしその半面、 「シューッと蒸気が抜ける感じが怖い」 「使い方がむずかしそう」 「調理中は鍋の前につきっきりでいなければいけない」 など、 ネガティブなイメージを持つ人も少なくありません。

　そんな圧力鍋にいい印象を持っていない方にこそ、 ぜひ電気圧力鍋を使っていただきたいと思います。
　まず、 調理中の蒸気の噴出が少ない (ほぼゼロ)!　ボタンを押すだけだから操作が簡単!　圧力調整は自動なのでほったらかしでいい!　さらに、 ほとんどのメーカーの電気圧力鍋の内鍋はフッ素樹脂加工で焦げつきにくい!　予約機能、 低温

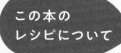

この本の
レシピについて

●小さじ1は5㎖、 大さじ1は15㎖、 1カップは200㎖、 1合は180㎖です。
●この本で使用している電気圧力鍋は、 ティファールのラクラ・クッカー コンパクトです。 ほかのメーカーや機種でも、 作ることができます。 ただし、 機能や性能が異なるため、 できあがりに差が出る場合があります。
●電気圧力鍋の使用方法、 設定方法は機種により異なります。 レシピと設定方法が異なる場合は、 取扱説明書を見て、 それに従い、 時間、

調理機能など、とにかく多機能……といいところがいっぱい。

　私自身も7年ほど電気圧力鍋を使ってきたヘビーユーザーとして、その便利さを実感しています。

　家庭で料理をする人は、仕事、子育て、介護など、いろいろな役目を担っているので、毎回の調理にかける時間が短ければ短いほど助かります。でも、家族でおいしいごはんは食べたい……。

　そんな願いをかなえてくれるのが、電気圧力鍋なのです。

　この本では、手軽に作れる毎日のおかずはもちろん、お店の気分を味わえるような料理、家族でちょっとぜいたくしたい日のごちそうメニューをたくさん紹介しています。

　電気圧力鍋は、材料を入れてボタンを押したらできあがりを待つだけ。その待ち時間にパパッとできる副菜のレシピもよかったら作ってみてください。

　電気圧力鍋とこの本を使って、ラクして、楽しく、簡単で、おいしい食事作りのお手伝いができたら幸せです。

上島亜紀

温度などを設定してください。
●電気圧力鍋の使用年数などによって、できあがりが多少異なる場合があります。
●レシピでフライパンを使う場合は原則として、フッ素樹脂加工のものを使用しています。また、電子レンジを使う場合は、600Wで調理しました。500Wの場合は加熱時間を1.2倍にしてください。機種や使用年数などによって、多少異なる場合があります。様子を見ながら加熱してください。

●野菜を洗うなどの手順は省いています。
●レシピに登場する「だし」は、昆布と削り節でとったものです。和風顆粒だし、だしパックを利用する場合は、できれば食塩不使用のものがおすすめです。食塩使用の製品でもかまいませんが、その場合は、レシピの味つけよりも若干塩分濃度が濃く（塩辛く）なる場合があります。
＊和風顆粒だしを利用する場合は、水または湯300ml（カップ1と1/2）に対し、小さじ2/3（2g）を目安に溶かしてください。

CONTENTS

Part1 電気圧力鍋で、主材料2つで作るリピ決定おかず

Part2 電気圧力鍋で、いつものおかずがレストラン級に変身

Part3 電気圧力鍋で、おうちで簡単ごちそうメニュー

Part4 電気圧力鍋で、低温調理メニュー

Column 電気圧力鍋の待ち時間にサブおかず

この本で使う 電気圧力鍋の機能

電気圧力鍋は、メーカーや機種によって圧力調理のほか、炊飯、低温調理、スロー調理などなどいくつもの機能を搭載していますが、この本では圧力調理をメインに紹介。

1 圧力調理 詳しくはP8〜

圧力調理とは、鍋の中の圧力を上げて、通常よりも高い温度（100℃以上）で調理すること。火加減などはおまかせで、短時間で完了するのが大きな魅力。

忙しい毎日に大活躍。普段のおかずは電気圧力鍋におまかせ。ごろごろ野菜、骨つき肉も短時間でおいしく。

魚料理も得意。圧力時間を短く設定すれば、身はふっくら味がよくしみた煮魚に。圧力時間を長くすれば、骨までやわらかく。

炊飯もおまかせ。炊き込みごはんもふっくら炊きあがる。

ビーフシチューのような、特別な日のスペシャルメニューも、材料を入れれば、おまかせでできあがる!

2 低温調理 詳しくはP90〜

最近人気が高まってきている低温調理。その仕組みを詳しく解説しつつ、レシピを掲載しています。

憧れのローストビーフ。低温調理で、どこを切っても淡いピンクで、ジューシーなできあがり。

人気のサラダチキン。鍋で作るよりも数段なめらかでやわらかな食感に。作りおきに低温調理が大活躍。

使ったのは

ティファールの ラクラ・クッカー

圧力調理も低温調理もおまかせで、人気の高いラクラ・クッカー。容量は3ℓ。メーカーや機種によって、仕様や設定方法が異なる場合は、お使いの電気圧力鍋の使用法を優先させてください。

ラクラ・クッカー コンパクト電気圧力鍋
CY3501JP

電気圧力鍋の
すごいところ TOP 4

調理家電として人気急上昇中の電気圧力鍋。 いったい何がそんなにすごいの？ 4つのポイントをあげてみました。

1 だれでも簡単

食材と調味料を入れ、 加圧時間を設定したら、 スタートボタンを押すだけ。 料理は苦手でも、 レシピ通りに設定すれば、 だれでもその通りに作れます。

材料を入れる!

圧力調理で時間を設定して、 スタートボタンを押すだけ!

2 ほったらかし

従来の直火式の圧力鍋だと調理中はつきっきりになる必要があります。 電気圧力鍋は、 火加減などをすべてコントロールしてくれます。 だから、 調理中はその場を離れたり、 ほかのことをしていても大丈夫。 火を使わないので安心。

ふたを開けると、 おいしい料理ができている。感動!

3 やわらかい

かたまり肉、 骨つき肉など、 鍋ではやわらかくなりにくいものも、 圧力調理なら、 短時間で、 ジューシーに。 時間を長くすれば魚は骨までやわらかくなります。

煮豚もとろけるやわらかさ。 子どもも高齢者も食べやすい

4 時短

普通の鍋に比べ、 調理時間（加圧時間）が短いのも電気圧力鍋の利点。 鶏の煮込み、 肉じゃがは加圧5分、 牛丼は3分! 鍋に入れたらほったらかしで完成。

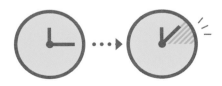

基本の方法

圧力調理の流れを解説します。 P12～87のレシピは、 このページのやり方を基本と
しています。 作り始める前に目を通してください。

1

下ごしらえ

食材を切る、 調味料の準備
をする、 下味をつけるなどの
ほか、 料理によってはフライ
パンで焼いて焦げ目をつける
などがあります。

食材はすべて準備。 材料表で**A**
でくくられている調味料は、 合わ
せて混ぜておく。

2

電気圧力鍋に入れる

電気圧力鍋の内鍋に、 レシ
ピに書かれた順番に、 食材
を入れます。

入れる順番が
ポイント

食材を入れる順番は、 仕上がり
の料理の味や食感を最適にする
ためのものなので守って。 食材
は加熱ムラができないよう、 同じ
食材同士が重ならないように入
れる。

3

圧力調理

レシピに記載された時間を設
定し、 スタートボタンを押し
ます。

※スタートボタンはメーカーによって
「OK」「決定」「スタート」 など異なり
ます。

圧力調理モードを選び、 加圧時
間を設定する。

予熱が始まる

完成

できあがったら、
器に盛る

4

圧力が
かかって
いる状態

加圧終了

圧力が完全に抜ける
までの時間。この間
も圧力は弱くかかって
いる。ふたをしたまま
置いておく

圧力が抜けたらふたを開けま
す。仕上げ作業は、混ぜる
ほか、追加で調味料などを
加える場合もあり。

レシピによっては、
調味料や油などを最
後に加えて混ぜる場
合も。

完全に圧力が抜けたことを、パネ
ルの表示、圧力ピンなどで確認し
てから開ける。

強制排気する場合

機種によっては、圧力
を強制的に抜くことがで
きる機能を搭載。急い
でいる場合は強制排気
をしてもいいけれど、食
感がかためなど、レシ
ピとは少し異なる仕上が
りになる場合がある。

底から混ぜて、全体の味を均一
にする。

圧力調理でこれだけは

1 鍋に圧力がかかっている状態でふたを開けない

圧力調理中および、放置して圧力が抜けるまで（圧力が鍋の中に残っている間）はふたを開けないようにしましょう。危険です!

2 調理中や蒸らし中は、鍋に強い衝撃を与えない

鍋に圧力がかかっている状態で、揺らしたり、たたいたりしないように。しかたなく移動させる場合は静かに行いましょう。

3 ふたを開けるときは、圧力が下がっているのを確認する

鍋の中に少しでも圧力が残っている状態でふたを開けると、ふたが飛んだり、内容物が飛び出る可能性があります。圧力表示ピンが下がったことを確認して。

圧力表示ピンが上がった状態＝圧力がかかっている、圧力が鍋の中に残っている。

圧力表示ピンが下がっている状態＝圧力がかかっていない。

守ってほしい **6** つのこと

4 調理する材料、水分は推奨されている量を守る

ふきこぼれの原因になるため、調理する量に注意をしましょう。材料＋水分（水や調味液など）で縁から5cm（調理MAXの線）を超えないこと。

＊豆類は、食材と水分を合わせた量を鍋の深さの1/3以下にしましょう。

調理MAX線まで食材＋水分が入っている状態。

5 調理する際の水分量に注意する

10分の圧力調理で100mlの水分が蒸発します。水、だし、調味料（トマト缶を含む）などを合わせた煮汁の水分量は、100ml以上になるようにすると安心です。

6 粘性が高く糊状になるもの、調理によって分量が増えるものは調理しない

粘性の高い料理は、おかゆ、あん、きんとん、オートミールなど。分量が増えるものは、パスタなどのめん類です。カレーやシチューなどは、具材のみを圧力調理したあと、ルウを入れて溶かします。

電気圧力鍋で、主材料2つで作るリピ決定おかず

鶏肉とトマト、豚肉とじゃがいものように、主な材料は2つだけ。

調味料といっしょに電気圧力鍋に入れ、設定のボタンを押すだけ。

材料が少ないので下ごしらえもラクラク。

簡単、時短、ほったらかしと、電気圧力鍋のすごさを試すのに、

最適な料理をラインナップしました。料理は苦手という方は、まずはここから。

味を変えたりなどのアレンジアイディアもあり。

鶏とれんこんの甘辛煮

14

> 圧力調理をすると、れんこんがホクホクの食感に。鶏肉に片栗粉をまぶしておくと、ぱさつかず、ジューシーな仕上がり。

材料（2人分）

鶏もも肉 ──── 大1枚（350g）
｜片栗粉 ──── 大さじ1/2
れんこん ──── 1節（300g）
A ｜ しょうゆ ──── 大さじ2
　｜ 砂糖 ──── 大さじ2
　｜ みりん ──── 大さじ1
　｜ だし ──── 60ml

作り方

1 下ごしらえ

鶏もも肉 » キッチンペーパーで水けを拭き、一口大に切り、片栗粉をまぶす。
れんこん » 皮つきのまま一口大に切り、使うまで水に浸す。
A » 混ぜる。

2 電気圧力鍋に入れる

内鍋に鶏肉、れんこん（水けをきる）の順に入れる。**A**を回し入れ、ふたを閉める。

3 圧力調理 〔加圧：**7**分〕〔放置：**10～15**分〕

加圧を**7**分に設定し、スタートボタンを押す。加圧終了後**10～15**分放置する。

4 仕上げ

圧力が抜けたのを確認し、ふたを開ける。底から混ぜて味をなじませる。

圧力調理前

鶏肉は皮目を上にして重ならないよう並べ、上にれんこんをのせる。

圧力調理後

味変 *Idea*

調味料に変化をつけ、中華風にアレンジ

このレシピの味つけは和風だが、**A**を、オイスターソース大さじ2、砂糖大さじ1、みりん大さじ1、だし60ml にかえ、ごま油小さじ1を足すと中華風になり、コクとうまみもよりアップ。

鶏としいたけの黒酢煮

甘酸っぱい味つけ。 黒酢がなければ米酢でも。 鶏むね肉はもも肉に
かえても。 きのこはしめじでもおいしい。

材料（2人分）

鶏むね肉 —— 大1枚（350g）	**A** 黒酢 —— 大さじ1	にんにく（すりおろし）
｜片栗粉 —— 大さじ1/2	しょうゆ —— 大さじ1と1/2	—— 小さじ1
しいたけ —— 8枚（120g）	砂糖 —— 大さじ1と1/2	水 —— 60ml

作り方

❶ 下ごしらえ

鶏むね肉 » キッチンペーパーで水けを拭き、 一口大のそぎ切りにし、 片栗粉を
まぶす。

しいたけ » 軸の先のかたい部分を切り落とし、 軸ごと2等分に切る。

A » 混ぜる。

❷ 電気圧力鍋に入れる

内鍋にしいたけ、 鶏肉の順に入れる。 Aを回し入れ、 ふたを閉める。

❸ 圧力調理　加圧:**3**分　放置:**10〜15**分

加圧を3分に設定し、スタートボタンを押す。 加圧終了後**10〜15**分放置する。

❹ 仕上げ

圧力が抜けたのを確認し、 ふたを開ける。 底から混ぜて味をなじませる。

圧力調理前

しいたけを敷き詰め、
鶏肉は皮目を上にし
て肉同士が重ならな
いよう並べる。

圧力調理後

16

鶏のトマト煮込み

5分の加圧で、鶏肉が驚くほどやわらかく！　鶏肉に小麦粉をまぶすとソースにとろみがつき、肉によくからむ。

材料（2人分）

鶏もも肉 ──── 大1枚（350g）
　塩 ──── 小さじ1/2
　粗びき黒こしょう ──── 少々
　小麦粉 ──── 大さじ1/2

トマト缶（ダイスタイプ） ──── 1/2缶（200g）
ドライバジル ──── 小さじ1/3
にんにく ──── 1かけ
オリーブオイル ──── 少々

圧力調理前

鶏肉は、煮汁に浸るよう、軽く押さえる。

圧力調理後

作り方

❶ 下ごしらえ

鶏もも肉 » キッチンペーパーで水けを拭き、切り込みを入れて肉の厚さを均等にし、2等分に切る。塩、粗びき黒こしょうをすり込み、小麦粉をまぶす。
にんにく » 皮をむいて、薄切りにする。

❷ 電気圧力鍋に入れる

内鍋にトマト缶、ドライバジル、にんにくを入れ、鶏肉の皮を下にして加える。ふたを閉める。

❸ 圧力調理 （加圧：**5**分） （放置：**10〜15**分）

加圧を**5**分に設定し、スタートボタンを押す。加圧終了後**10〜15**分放置する。

❹ 仕上げ

圧力が抜けたのを確認し、ふたを開ける。オリーブオイルを加え、底から混ぜて味をなじませる。

鶏と冬瓜のサムゲタン風

18

手羽元は、 圧力調理で肉がほろっと骨からはずれやすく、 やわらかく食べやすくなる。 冬瓜がなければ、 大根でも。

材料(2人分)

鶏手羽元 ········ 大6本(400g)	
冬瓜 ········ 1/8個(400g)	
にんにく ········ 2かけ	
しょうが ········ 1/2かけ	
押し麦 ········ 大さじ2	

A
酒 ········ 50mℓ	
塩 ········ 小さじ1/2	
水 ········ 500mℓ	
だし ········ 50mℓ	

作り方

① 下ごしらえ

手羽元 » キッチンペーパーで水けを拭き、 皮の部分にキッチンばさみで縦に切り目を入れる。
冬瓜 » 皮をピーラーで薄くむいて、 種とワタを除き、 大きめの乱切りにする。
にんにく » 皮をむいて、 縦半分に切り、 たたいてつぶす。
しょうが » 皮をむいて、 薄切りにする。
押し麦 » さっと洗う。
A » 混ぜる。

② 電気圧力鍋に入れる

内鍋に手羽元、 押し麦、 冬瓜、 にんにく、 しょうがの順に入れる。 **A**を回し入れ、 ふたを閉める。

③ 圧力調理 〔加圧:**5**分〕 〔放置:**20~30**分〕

加圧を**5**分に設定し、スタートボタンを押す。加圧終了後**20~30**分放置する。

④ 仕上げ

圧力が抜けたのを確認し、 ふたを開ける。 底から混ぜて味をなじませる。

圧力調理前

鶏手羽元を重ならないよう並べた上に冬瓜をのせると、 冬瓜が煮崩れしにくく、 鶏のうまみがよくしみる。

圧力調理後

味変 Idea

トッピングで味を変えて楽しむ

鶏のうまみが出たスープと、 具材を味わったあとは、 トッピングを足してみましょう。 おすすめは、 うまみと塩けの「塩昆布」、 香ばしさとコクの「すりごま」。 キムチ、 のりなど。

鶏手羽と里いもの みそ煮込み

甘めのみそ味。 テンメンジャンがなければ、 みそ大さじ1/2、 砂糖小さじ2、 しょうゆ小さじ1、 ごま油少々を混ぜたもので代用を。

圧力調理前

食材は重ならないように並べることで加熱ムラを防げる。

圧力調理後

材料（2人分）

鶏手羽中	10本（500g）	**A** みそ 大さじ1	みりん 大さじ2
里いも	大3個（300g）	テンメンジャン 大さじ1	水 70㎖
しょうが	1/2かけ	砂糖 大さじ1/2	

作り方

❶ 下ごしらえ

鶏手羽中 » キッチンペーパーで水けを拭く。
里いも » 皮をむいて、 食べやすい大きさの乱切りにする。
しょうが » 皮をむいて、 薄切りにする。
A » 混ぜる。

❷ 電気圧力鍋に入れる

内鍋に里いも、手羽中、しょうがの順に入れる。 Aを回し入れ、ふたを閉める。

❸ 圧力調理 加圧：**6**分 放置：**10〜15**分

加圧を**6**分に設定し、スタートボタンを押す。 加圧終了後**10〜15**分放置する。

❹ 仕上げ

圧力が抜けたのを確認し、 ふたを開ける。 底から混ぜて味をなじませる。

鶏手羽とにんじんのオレンジ煮

マーマレードの甘みとほんのりとした苦みがポイントの洋風煮物です。
マーマレードのかわりに、はちみつとマスタードで煮てもおいしい。

材料（2人分）

鶏手羽中 ⋯⋯ 10本（500g）	A	マーマレード	にんにく（すりおろし）
塩 ⋯⋯ 小さじ1/4		⋯⋯ 大さじ4	⋯⋯ 小さじ1
粗びき黒こしょう ⋯⋯ 少々		しょうゆ ⋯⋯ 大さじ2と1/2	バター ⋯⋯ 10g
にんじん ⋯⋯ 小1本（160g）		水 ⋯⋯ 大さじ2	

作り方

① 下ごしらえ

鶏手羽中》キッチンペーパーで水けを拭き、塩、粗びき黒こしょうをすり込む。
にんじん》皮をむいて、7mm厚さの輪切りにする。
A》混ぜる。

② 電気圧力鍋に入れる

内鍋ににんじん、手羽中の順に入れる。Aを回し入れ、ふたを閉める。

③ 圧力調理　（加圧：**5**分）　（放置：**10〜15**分）

加圧を**5**分に設定し、スタートボタンを押す。加圧終了後**10〜15**分放置する。

④ 仕上げ

圧力が抜けたのを確認し、ふたを開ける。バターを加え、底から混ぜて味をなじませる。

圧力調理前

鶏手羽中を上に入れることでにんじんに鶏のうまみがしみる。

圧力調理後

かぶと肉団子のスープ煮

鶏ひき肉に削り節を加えてこねた肉団子から、いいだしが出る。かぶの茎や葉も、肉団子に入れたり、仕上げに使って。

材料（2人分）

肉団子
| 鶏ひき肉 …… 250g
| 片栗粉 …… 大さじ2
| しょうが（すりおろし）…… 小さじ1/2
| 削り節 …… 5g
| ごま油 …… 小さじ1/2
| 塩 …… 小さじ1/2

かぶ …… 2個（340g）
A | 酒 …… 50㎖
　| 塩 …… ひとつまみ
　| 水 …… 300㎖
ごま油 …… 小さじ1

作り方

1　下ごしらえ

かぶ » 茎を3cmほど残して葉を切り落とし（捨てない）、皮つきのまま、縦半分に切る。切り落とした茎、葉は5㎜幅に切る。
肉団子 » ボウルに肉団子の材料を入れる。かぶの刻んだ茎を加え、よくこねる。4等分にし、ひとつずつ丸める。
A » 混ぜる。

2　電気圧力鍋に入れる

内鍋に**A**を入れてから、かぶ、肉団子の順に入れる。ふたを閉める。

3　圧力調理　加圧：**3**分　放置：**20〜30**分

加圧を**3**分に設定し、スタートボタンを押す。加圧終了後**20〜30**分放置する。

4　仕上げ

圧力が抜けたのを確認し、ふたを開ける。ごま油、刻んだ葉を加え、底から混ぜて味をなじませる。

圧力調理前

肉団子はやわらかいので、煮崩れないよう上にのせる。

圧力調理後

食べ方 Arrange

めん類を加えてワンボウルごはんに

煮汁がおいしいので、うどんやはるさめ、そうめんなどめん類をゆでて仕上げに加えるとボリューム倍増。

また、**A**にカレー粉少々を加え、カレー風味にアレンジしても。

チャーシュー風煮豚

24

豚肉は、適度に脂のある肩ロースがおすすめ。さっぱり食べたいなら、ももでもOK。テンメンジャンを加えるとコクが出る。

材料（作りやすい分量）

豚肩ロースかたまり肉 ┈┈┈ 500g
┃ 塩 ┈┈┈ 小さじ1/2
┃ 粗びき黒こしょう ┈┈┈ 小さじ1/3
長ねぎ ┈┈┈ 1本(120g)

A ┃ しょうが（すりおろし）┈┈┈ 小さじ1/2
┃ にんにく（すりおろし）┈┈┈ 小さじ1/2
┃ 赤唐辛子（小口切り）┈┈┈ 1/2本分
┃ テンメンジャン（あれば）┈┈┈ 小さじ1/2
┃ しょうゆ ┈┈┈ 大さじ1
┃ 砂糖 ┈┈┈ 大さじ1
┃ 酒 ┈┈┈ 50mℓ
┃ 水 ┈┈┈ 40mℓ

作り方

① 下ごしらえ

豚肩ロース肉 》 塩、粗びき黒こしょうをすり込む。
長ねぎ 》 5cm長さに切る。
A 》 混ぜる。

② 電気圧力鍋に入れる

内鍋に**A**を入れてから、豚肉、ねぎの順に入れ、ふたを閉める。

③ 圧力調理　加圧：**30**分　放置：**30〜35**分

加圧を**30**分に設定し、スタートボタンを押す。加圧終了後**30〜35**分放置する。

④ 仕上げ

圧力が抜けたのを確認し、ふたを開ける。底から混ぜて味をなじませる。

＊時間があるときは、煮汁ごと食品用ポリ袋に入れてひと晩おくと、さらに味がしみる。

圧力調理前

ねぎを敷き詰めた上に豚かたまり肉をのせる。

圧力調理後

食べ方 *Arrange*

残った煮汁に卵をつけて、味つけ卵に

煮汁には肉のだしが出ているので、有効利用を。食品用のポリ袋に、煮汁と殻をむいたゆで卵を入れて冷蔵庫にひと晩おけば、味つけ卵が完成。スライスした煮豚と味つけ卵をごはんにのせて丼に。

25

豚バラと玉ねぎの
レモンスープ

圧力調理後にレモンとオリーブオイルを加えるのがコツ。玉ねぎの甘み、肉のうまみをさわやかなレモンの香りとともに。

圧力調理前

圧力調理後

材料（2人分）

豚バラ薄切り肉	4枚
玉ねぎ	1個（200g）
レモン（薄切り）	2枚
ローリエ（あれば）	1枚
オリーブオイル	小さじ1

A	白ワインまたは、酒
	大さじ2
塩	小さじ1/2
水	300ml

作り方

① 下ごしらえ

玉ねぎ》皮をむいて、4等分に切る。それぞれに豚バラ肉を1枚ずつ巻き、つまようじでとめる。
A》混ぜる。

② 電気圧力鍋に入れる

内鍋に肉を巻いた玉ねぎを入れる。**A**を回し入れ、ローリエをのせ、ふたを閉める。

③ 圧力調理 〔加圧：**3分**〕〔放置：**20〜30分**〕

加圧を**3分**に設定し、スタートボタンを押す。加圧終了後**20〜30分**放置する。

④ 仕上げ

圧力が抜けたのを確認し、ふたを開ける。レモン、オリーブオイルを加え、底から混ぜて味をなじませる。

豚肉とじゃがいもの トマトシチュー

(たった３分の加圧で、じゃがいもはほくほくに！ 煮崩れ防止のために、大きめに切るのがポイント。)

材料（2人分）

豚切り落とし肉 ……… 200g
　塩 ……… 小さじ1/2
　粗びき黒こしょう
　　　　　……… 小さじ1/3
　小麦粉 ……… 大さじ1/2

じゃがいも ……… 2個（300g）
トマト缶（ダイスカット）
　　　　……… 1/2缶（200g）
ローリエ（あれば）……… 1枚

A　中濃ソース ……… 大さじ1
　塩 ……… 小さじ1/2
　水 ……… 100㎖
バター ……… 10g

作り方

① 下ごしらえ

豚切り落とし肉 » 塩、 粗びき黒こしょうをふり、 小麦粉をまぶす。
じゃがいも » 皮をむいて、 2〜4等分に切る。
A » 混ぜる。

② 電気圧力鍋に入れる

内鍋にじゃがいも、 豚肉の1/2量、 トマト缶、 残りの豚肉の順に入れる。 **A** を回し入れ、 ローリエをのせ、 ふたを閉める。

③ 圧力調理　加圧：**3**分　放置：**10〜15**分

加圧を**3**分に設定し、スタートボタンを押す。 加圧終了後**10〜15**分放置する。

④ 仕上げ

圧力が抜けたのを確認し、 ふたを開ける。 バターを加え、 底から混ぜて味をなじませる。

圧力調理前

肉は半量ずつ、 トマト缶をはさんで入れるとかたくなりにくい。

圧力調理後

白菜の担々ミルフィーユ

豆板醤がきいたピリ辛のごまみそ味が白菜&豚肉とマッチ。白菜のかわりにキャベツでも。

材料（2人分）

豚バラ薄切り肉 ……… 200g
A │ にんにく（すりおろし）……… 小さじ1
　 │ すり白ごま ……… 大さじ2
　 │ みそ ……… 大さじ1
　 │ 豆板醤 ……… 小さじ1
　 │ しょうゆ ……… 大さじ1/2
　 │ 酒 ……… 大さじ1
　 │ 片栗粉 ……… 大さじ1/2

白菜 ……… 1/4株（400g）
水 ……… 70mℓ

作り方

① 下ごしらえ

豚バラ薄切り肉 》6cm幅に切り、**A**を加えて混ぜる。
白菜 》長さを3等分に切る。

② 電気圧力鍋に入れる

内鍋に白菜の1/4量、豚バラ肉の1/3量、残りの白菜の1/2量、残りの豚肉、残りの白菜の順に入れる。分量の水を回し入れ、ふたを閉める。

③ 圧力調理 加圧:**3**分 放置:**10〜15**分

加圧を**3**分に設定し、スタートボタンを押す。加圧終了後**10〜15**分放置する。

④ 仕上げ

圧力が抜けたのを確認し、ふたを開ける。形が崩れないように器にとり出す。

圧力調理前

白菜と豚肉を交互に広げ入れ、一番上が白菜になるようにする。

圧力調理後

ハッシュドポーク

30

手軽な食材を使って、加圧5分で完成。とろとろの玉ねぎと甘酸っぱいソースが絶品。ごはんにもパンにも◎。

材料（2人分）

豚切り落とし肉 ……… 200g
　塩 ……… 小さじ1/3
　粗びき黒こしょう ……… 少々
　小麦粉 ……… 大さじ1/2
玉ねぎ ……… 1個（200g）
ローリエ ……… 1枚

A｜トマトケチャップ ……… 大さじ4
　｜中濃ソース ……… 大さじ2
　｜白ワイン ……… 大さじ2
　｜水 ……… 大さじ2
バター ……… 10g

作り方

1 下ごしらえ

豚切り落とし肉 » 食べやすい大きさに切り、塩、粗びき黒こしょうをふり、小麦粉をまぶす。
玉ねぎ » 皮をむいて、1cm幅のくし形切りにする。
A » 混ぜる。

2 電気圧力鍋に入れる

内鍋に玉ねぎの1/2量、豚肉の1/2量、残りの玉ねぎ、残りの豚肉の順に入れる。Aを回し入れ、ローリエをのせ、ふたを閉める。

3 圧力調理 〔加圧：**5**分〕〔放置：**10〜15**分〕

加圧を**5**分に設定し、スタートボタンを押す。加圧終了後**10〜15**分放置する。

4 仕上げ

圧力が抜けたのを確認し、ふたを開ける。バターを加え、底から混ぜて味をなじませる。

＊器にごはんと一緒に盛りつけ、あればパセリを刻んでふる。

圧力調理前

玉ねぎと豚肉を半量ずつ交互に広げ入れることで肉のうまみが野菜にゆきわたる。

圧力調理後

食べ方 *Arrange*

肉を食べてしまい、ソースが残ったら

トマトケチャップがベースのソースなので、卵料理によく合う。残ったら、オムレツにかけたり、チキンライスの味つけとして使ってオムライスを作ることもできる。

家常豆腐

厚揚げを圧力調理すると、短時間でも味が中までしっかりしみて、驚くほど
ジューシーに!

材料(2人分)

豚バラ薄切り肉 ……… 150g
A | オイスターソース ……… 大さじ1
　　　砂糖 ……… 大さじ1/2
　　　豆板醤 ……… 小さじ1
　　　しょうが(せん切り) ……… 適量
厚揚げ(絹) ……… 1枚(300g)
水 ……… 100mℓ

作り方

❶ 下ごしらえ

豚バラ薄切り肉 » 6cm幅に切り、**A**を加えてよく混ぜる。
厚揚げ » 2.5cm角に切る。

❷ 電気圧力鍋に入れる

内鍋に厚揚げ、豚バラ肉の順に入れる。分量の水を回し入れ、ふたを閉める。

❸ 圧力調理　加圧:**3**分　放置:**10〜15**分

加圧を**3**分に設定し、スタートボタンを押す。加圧終了後**10〜15**分放置する。

❹ 仕上げ

圧力が抜けたのを確認し、ふたを開ける。底から混ぜて味をなじませる。

圧力調理前

厚揚げを並べ入れて、
下味をつけた豚肉を
肉同士が重ならないよ
うにのせる。

圧力調理後

--- 食べ方 *Arrange* ---

ごはんにのせて丼にして

そのまま食べるだけでなく、
ごはんにのせて香菜や万能
ねぎを添えても。味つけを
アレンジするなら、オイス

ターソースをみそにかえて
みそ味にしても。辛味は豆
板醤の量で調節して。

牛丼の具は作りおきにも最適。 多めに作る場合 (2倍量くらいまで) でも圧力調理時間は同じでOK。

材料 (2人分)

牛切り落とし肉 ……… 250g
玉ねぎ ……… 1個 (200g)
A ┃ しょうゆ ……… 大さじ2と1/2
　┃ 砂糖 ……… 大さじ3
　┃ 酒 ……… 50mℓ
　┃ 水 ……… 大さじ2

作り方

① 下ごしらえ

牛切り落とし肉 》食べやすい大きさに切る。
玉ねぎ 》皮をむいて、 1cm幅のくし形切りにする。
A 》混ぜる。

② 電気圧力鍋に入れる

内鍋に玉ねぎの1/2量、 牛肉の1/2量、 残りの玉ねぎ、 残りの牛肉の順に入れる。 Aを回し入れ、 ふたを閉める。

③ 圧力調理 　加圧:3分　放置:10〜15分

加圧を3分に設定し、スタートボタンを押す。加圧終了後10〜15分放置する。

④ 仕上げ

圧力が抜けたのを確認し、 ふたを開ける。 底から混ぜて味をなじませる。

＊ごはんの上に盛り、 好みで刻んだ万能ねぎをのせ、 七味唐辛子をふる。

圧力調理前

玉ねぎと牛肉を半量ずつ交互に広げ入れることで肉がかたくなりにくい。

圧力調理後

味 変 Idea

しぐれ煮や炊き込みごはんにもアレンジ可能

具の材料に、 しょうが1かけをせん切りにして加えると、 しぐれ煮風に。 牛丼の具が余ったら、 煮汁も捨てずに、 米と炊いて、 牛肉の炊き込みごはんに。

肉じゃが

じゃがいもは大きめに切ると煮崩れしにくく、味が中までしみ込む。
肉はかたくならないよう、じゃがいもと交互に入れて。

材料（2人分）

牛切り落とし肉	200g	**A**	だし	100㎖	砂糖 ── 大さじ1と1/2
じゃがいも	3個（400g）		しょうゆ	大さじ2	みりん ── 大さじ1

作り方

❶ 下ごしらえ

牛切り落とし肉 » 食べやすい大きさに切る。
じゃがいも » 皮をむいて、半分に切る。
A » 混ぜる。

❷ 電気圧力鍋に入れる

内鍋にじゃがいもの1/2量、牛肉の1/2量、残りのじゃがいも、残りの牛肉の順に入れる。**A**を回し入れ、ふたを閉める。

❸ 圧力調理 （加圧：**5分**）（放置：**10～15分**）

加圧を**5分**に設定し、スタートボタンを押す。加圧終了後**10～15分**放置する。

❹ 仕上げ

圧力が抜けたのを確認し、ふたを開ける。底から混ぜて味をなじませる。

圧力調理前

牛肉はじゃがいもの上にかぶせるよう広げて入れる。

圧力調理後

牛肉とごぼうのエスニック煮込み

オイスターソースと香辛料がごぼうの風味と好相性。クミンパウダーがなければカレー粉を使ってみて。

材料（2人分）

牛切り落とし肉 ——— 250g

A ┃ オイスターソース
　　┃ ——— 大さじ1と1/2
　　┃ クミンパウダー ——— 小さじ2/3

粗びき唐辛子
　　——— 小さじ1/2（または、
　　一味唐辛子小さじ1/4）
酒 ——— 大さじ2

にんにく（すりおろし）
　　——— 小さじ1
ごぼう ——— 1/2本（130g）
水 ——— 60㎖

作り方

❶ 下ごしらえ

牛切り落とし肉 » 食べやすい大きさに切り、**A**を加えて混ぜる。
ごぼう » 皮をたわしなどでこすって洗い、斜め薄切りにし、水に5分ほどさらし、水けをきる。

❷ 電気圧力鍋に入れる

内鍋にごぼうの1/2量、牛肉の1/2量、残りのごぼう、残りの牛肉の順に入れる。分量の水を回し入れ、ふたを閉める。

❸ 圧力調理　加圧：**5分**　放置：**10〜15分**

加圧を**5分**に設定し、スタートボタンを押す。加圧終了後**10〜15分**放置する。

❹ 仕上げ

圧力が抜けたのを確認し、ふたを開ける。底から混ぜて味をなじませる。

圧力調理前

ごぼうの半量を敷き詰め、上に牛肉の半量を肉同士が重ならないよう広げてのせる。

圧力調理後

37

牛すじと大根のおでん

38

> 牛すじは下ゆで不要。 熱湯を回しかける程度の下処理をしたら煮てOK。 牛すじと昆布からいいだしが出て、 上品な関西風のおでんに。

材料（2人分）

牛すじ ……… 250g
大根 ……… 1/3本（400g）
昆布 ……… 1枚（20×5cm）

A ┃ 酒 ……… 50mℓ
　┃ 水 ……… 500mℓ
　┃ 塩 ……… 小さじ1/2
　┃ 薄口しょうゆ ……… 大さじ2
　┃ （薄口しょうゆがない場合は、
　┃ 　しょうゆ大さじ1、 塩小さじ1/4）

作り方

❶ 下ごしらえ

牛すじ » キッチンばさみで大きめの一口大に切り、 ざるに入れ、 熱湯をたっぷりとかけ、 汚れなどを洗い流す。
大根 » 皮をむいて、 2cm厚さの半月切りにする。
A » 混ぜる。

❷ 電気圧力鍋に入れる

内鍋に大根の1/2量、 牛すじ、 残りの大根の順に入れる。 昆布をのせ、 Aを回し入れ、 ふたを閉める。

❸ 圧力調理 　加圧:**30**分　放置:**30～35**分

加圧を**30**分に設定し、スタートボタンを押す。 加圧終了後**30～35**分放置する。

❹ 仕上げ

圧力が抜けたのを確認し、 ふたを開ける。 底から混ぜて味をなじませる。
＊昆布は4等分に切ってから器に盛る。

圧力調理前

大根、 牛すじ、 大根の順に入れることで牛すじのうまみが大根によくしみる。

圧力調理後

食べ方 *Arrange*

焼いたもちを加えてお雑煮風にアレンジ

おでんとして食べた翌日におすすめ。 こんがり焼いたもちの香ばしさが牛すじと合う。 刻んだ三つ葉を添え て。 味を変えたい場合は、 しょうゆ、 砂糖、 みりんを加えて甘辛煮にしても。

さばのアヒージョ

さばをオリーブオイルと水で圧力調理し、さば缶風に。骨までやわらかくしたい場合は、放置後、再度30分加圧して。

材料（2人分）

さば ……… 1尾
｜ 塩 ……… 小さじ1/2
にんにく ……… 1かけ
ローリエ ……… 1枚
赤唐辛子（小口切り）……… 1本分

A ｜ オリーブオイル ……… 50ml
｜ 水 ……… 400ml

作り方

❶ 下ごしらえ

さば » 頭と内臓を除き、水洗いし、キッチンペーパーで水けを拭く。4等分の筒切りにし、塩をふり、冷蔵庫に10分おく。キッチンペーパーに包んで水けをとる。
にんにく » 皮をむいて、半分に切る。
A » 混ぜる。

❷ 電気圧力鍋に入れる

内鍋にさば、にんにく、ローリエ、赤唐辛子の順に入れる。**A**を回し入れ、ふたを閉める。

❸ 圧力調理 　加圧：**30**分　放置：**30～35**分

加圧を**30**分に設定し、スタートボタンを押す。加圧終了後30～35分放置する。

❹ 仕上げ

圧力が抜けたのを確認し、ふたを開ける。身を崩さないようにとり出し、器に盛る。
＊あれば、ブラックオリーブ、ディルなどを添えても。

圧力調理前

圧力調理後

魚の身が崩れやすいので、とり出す際は注意。

味 変 *Idea*

調味料や香辛料を足して味変えアレンジ

カレー粉を加えてカレー風味に、みそと砂糖としょうゆを加えるとみそ煮風に、コチュジャンとみそを足すと | 韓国風など、さまざまな味つけに変えられる。キムチと合わせて丼にしても。

ぶり大根

> 加圧10分で、大根にもしっかり味がしみ込む。ぶりは熱湯をかけてから煮たほうがくさみが出ず、すっきりした味に。

圧力調理前

大根の半量を敷き詰め、上にぶりをぶり同士が重ならないよう並べる。さらに残りの大根としょうがを入れる。

圧力調理後

材料（2人分）

ぶり（切り身）…… 2切れ（240g）	**A**	しょうゆ …… 大さじ2	水 …… 50㎖
大根 …… 1/4本（250g）		砂糖 …… 大さじ1と1/2	
しょうが …… 1/2かけ		酒 …… 大さじ2	

作り方

❶ 下ごしらえ

ぶり » 半分に切り、ざるに入れ、たっぷりの熱湯をかける。キッチンペーパーで水けを拭く。**大根** » 皮をむいて、大きめの乱切りにする。**しょうが** » 皮つきのまま薄切りにする。**A** » 混ぜる。

❷ 電気圧力鍋に入れる

内鍋に大根の1/2量、ぶり、残りの大根の順に入れる。しょうがをのせ、**A** を回し入れ、ふたを閉める。

❸ 圧力調理 加圧:**10**分 放置:**10～15**分

加圧を**10**分に設定し、スタートボタンを押す。加圧終了後**10～15**分放置する。

❹ 仕上げ

圧力が抜けたのを確認し、ふたを開ける。魚の身を崩さないように混ぜて味をなじませる。

いわしの梅しょうが煮

梅干しの酸味と塩けで青魚のくさみも気にならない。 いわしを骨まで
やわらかくするなら加圧の設定時間を30分に。

材料（2人分）

いわし ……… 4尾（400〜450g）	しょうが ……… 1/2かけ	みりん ……… 大さじ2
長ねぎ ……… 小1本（85g）	梅干し ……… 3個（60g）	しょうゆ ……… 大さじ1
昆布 ……… 1枚（10×5cm）	酒 ……… 50㎖	

作り方

❶ 下ごしらえ

いわし » 頭と内臓を取り除き、 水洗いし、 キッチンペーパーで水けを拭く。
長ねぎ » 6cm長さに切る。
しょうが » 皮つきのまま薄切りにする。

❷ 電気圧力鍋に入れる

内鍋に長ねぎ、 いわしの順に入れる。 昆布、 しょうがをのせ、 梅干しをほぐ
しながら加え、 酒、 みりんを回し入れ、 ふたを閉める。

❸ 圧力調理 〔加圧:**15**分〕 〔放置:**10〜15**分〕

加圧を**15**分に設定し、スタートボタンを押す。 加圧終了後**10〜15**分放置する。

❹ 仕上げ

圧力が抜けたのを確認し、 ふたを開け、 しょうゆを加える。 盛りつけるときは
魚の身を崩さないように注意。

圧力調理前

長ねぎを敷き詰め、
上にいわしをいわし同
士が重ならないよう並
べる。 昆布、 しょう
がをのせ、 梅干しは
果肉をほぐしながら種
ごと加える。

圧力調理後

43

オイスターソースを使った中華風煮物で、ごはんのおかず、おつまみにも。作りおきにもぴったり。

材料（2人分）

さんま	2尾（300g）	**A**	オイスターソース	大さじ2と1/2
なす	2本（200g）		みりん	大さじ1と1/2
しょうが	1/2かけ		水	50mℓ

作り方

❶ 下ごしらえ

さんま » 頭と内臓を取り除き、水洗いし、キッチンペーパーで水けを拭き、3等分の筒切りにする。**なす** » へたを除き、縦半分に切る。**しょうが** » 皮をむいて、せん切りにする。**A** » 混ぜる。

❷ 電気圧力鍋に入れる

内鍋になす、さんまの順に入れる。しょうがをのせ、Aを回し入れ、ふたを閉める。

❸ 圧力調理 〈加圧：**10**分〉 〈放置：**10〜15**分〉

加圧を**10**分に設定し、スタートボタンを押す。加圧終了後**10〜15**分放置する。

❹ 仕上げ

圧力が抜けたのを確認し、ふたを開ける。魚の身を崩さないように混ぜて味をなじませる。

＊さんまの骨までやわらかくしたい場合は、さんまだけを20分加圧したのち、なすを加えて、再度5分加圧する。とり出すときは崩れやすいので気をつけて。

圧力調理前

なすは皮を下にして敷き詰め、上にさんまをさんま同士が重ならないよう並べる。

圧力調理後

たらとじゃがいものココナッツカレー

ココナッツミルクとカレー粉のタイカレー風。たらのほか、かじきやえびでも。じゃがいものかわりに冬瓜を使っても。

材料（2人分）

たら（切り身）
　　大2切れ（300g）
塩　　小さじ1/3
小麦粉　　大さじ1/2
じゃがいも　　2個（300g）

A しょうが（すりおろし）
　　小さじ1
にんにく（すりおろし）
　　小さじ1
ココナッツミルク　　200㎖

カレー粉　　大さじ1
ナンプラー
　　大さじ1と1/2
水　　100㎖
粗びき黒こしょう　　少々

作り方

❶ 下ごしらえ

たら≫3等分に切り、塩をふり、冷蔵庫に10分おく。キッチンペーパーで水けを拭き、小麦粉をふる。**じゃがいも**≫皮をむいて一口大に切る。**A**≫混ぜる。

❷ 電気圧力鍋に入れる

内鍋にじゃがいも、たらの順に入れる。**A**を回し入れ、ふたを閉める。

❸ 圧力調理　　加圧:**3分**　　放置:**10〜15分**

加圧を3分に設定し、スタートボタンを押す。加圧終了後10〜15分放置する。

❹ 仕上げ

圧力が抜けたのを確認し、ふたを開ける。粗びき黒こしょうをふり、底から軽く混ぜて味をなじませる。

＊器に盛り、好みでバジルを添える。ごはんにかけて食べる。

圧力調理前

じゃがいもを敷き詰め、上にたらをたら同士が重ならないよう並べる。

圧力調理後

45

電気圧力鍋で、いつものおかずがレストラン級に変身

電気圧力鍋はかたまり肉の調理が得意だから、

豚の角煮は短時間でやわらかく、ジューシーにできあがります。

ポトフや筑前煮も中までしっかり味がしみるので、

いつもの料理が各段においしくなること間違いなし。

食感や香りをよりよく仕上げるため、圧力調理後に材料を追加投入するなど、

裏技調理テクニックも満載。電気圧力鍋を賢く使いこなしてください。

47

豚かたまり肉と野菜のポトフ

（　豚肉は、ももだとぱさつくので、適度に脂のある肩ロースがおすすめ。じゃがいもは、ここでは男爵を使ったが、メークインだとより崩れにくい。　）

材料（2人分）

豚肩ロースかたまり肉 ── 300g
　｜ 塩 ── 小さじ1/2
　｜ 粗びき黒こしょう ── 少々
にんじん ── 小1本（150g）
じゃがいも ── 小2個（200g）
玉ねぎ ── 小1個（150g）
キャベツ ── 1/4玉（250g）

ロングソーセージ ── 2本
ローリエ ── 1枚
A｜ 白ワインまたは、酒 ── 50㎖
　｜ 水 ── 500㎖
　｜ 塩 ── 小さじ1/2
塩、粗びき黒こしょう ── 各少々

作り方

① 下ごしらえ

豚肩ロース肉 ≫ 4等分に切り、塩、粗びき黒こしょうをすり込む。
にんじん ≫ 皮をむいて、長さを4等分に切る。
じゃがいも ≫ 皮をむく。
玉ねぎ ≫ 皮をむいて、縦半分に切る。
キャベツ ≫ 2等分に切る。
A ≫ 混ぜる。

② 電気圧力鍋に入れる

内鍋に豚肉、にんじん、じゃがいも、玉ねぎ、ソーセージ、キャベツの順に入れる。ローリエをのせ、**A**を回し入れ、ふたを閉める。

③ 圧力調理　加圧：**10**分　放置：**30〜35**分

加圧を**10**分に設定し、スタートボタンを押す。加圧終了後**30〜35**分放置する。

④ 仕上げ

圧力が抜けたのを確認し、ふたを開ける。塩、粗びき黒こしょうをふる。

圧力調理前

豚肉を重ならないように並べ、かたい野菜、ソーセージを入れ、キャベツは一番上にのせる。

圧力調理後

┌─── 味 変 *Idea* ───┐

カレー味やトマト味、和風も◎

Aにカレー粉を加えてカレー味、水をトマトジュースにかえてトマト味、しょうゆを加えて和風にしても。

また食べるときに、粒マスタードや練りからしをつけたり、一味唐辛子をふっても。

肉骨茶（バクテー）

シンガポールの人気料理が手軽に、ほろっとやわらかくできる! 中華やエスニック料理のスパイスである五香粉は、なければ省いても。

材料(2人分)

豚スペアリブ ……… 6本(400g)
│ 塩 ……… 小さじ2/3
│ 五香粉(あれば) ……… 小さじ1/2
大根 ……… 1/4本(250g)
にんにく ……… 3かけ

A │ 塩 ……… 小さじ1/3
　│ 酒 ……… 50mℓ
　│ 水 ……… 400mℓ

作り方

❶ 下ごしらえ

豚スペアリブ » 塩、五香粉をすり込む。
大根 » 皮をむいて、一口大の乱切りにする。
にんにく » 皮をむいて、半分に切って芽を除く。
A » 混ぜる。

❷ 電気圧力鍋に入れる

内鍋に大根、スペアリブ、にんにくの順に入れる。Aを回し入れ、ふたを閉める。

❸ 圧力調理 加圧:**10分** 放置:**20〜30分**

加圧を**10分**に設定し、スタートボタンを押す。加圧終了後**20〜30分**放置する。

❹ 仕上げ

圧力が抜けたのを確認し、ふたを開ける。底から混ぜて味をなじませる。
＊器に盛り、好みで香菜を添える。

圧力調理前

大根を敷き詰め、上にスペアリブをスペアリブ同士が重ならないように並べる。

圧力調理後

食べ方 *Arrange*

めん類を入れると、屋台風のひと皿に変身

そうめんやはるさめ、ビーフンをゆでて加えると、ボリュームアップ。食べる際に、黒酢やラー油、しょうゆをたらしてもおいしい。

鶏もも肉と豆の煮込み

ビールで煮込むのがミソ。 ホップの苦みが肉の脂っこさやくさみをやわらげて
さっぱり食べやすくするので、 発泡酒ではなく、 ビールを使って。

材料（2人分）

鶏もも肉 ―――― 大1枚 (350g)
　塩 ――― 小さじ1/2
　粗びき黒こしょう ――― 小さじ1/4
　小麦粉 ――― 大さじ1/2
セロリ ――― 1本 (150g)

ひよこ豆（水煮缶詰、またはドライパック）
　――― 100g
にんにく ――― 2かけ
A｜ビール ――― 50㎖
　｜水 ――― 50㎖
　｜塩 ――― 小さじ1/4
　｜ローリエ ――― 1枚

作り方

① 下ごしらえ

鶏もも肉 » キッチンペーパーで水けを拭き、 肉の厚い部分に切り込みを入れ
て、 4等分に切る。 塩、 粗びき黒こしょうをすり込み、 小麦粉をまぶす。
セロリ » 縦半分に切り、 斜め薄切りにする。
ひよこ豆 » 水煮缶詰の場合は、 缶汁をきる。
にんにく » 皮をむいて、 薄切りにする。
A » 混ぜる。

② 電気圧力鍋に入れる

内鍋にひよこ豆、 鶏肉、 セロリ、 にんにくの順に入れる。 Aを回し入れ、
ふたを閉める。

③ 圧力調理　加圧:**8**分　放置:**10〜15**分

加圧を**8**分に設定し、スタートボタンを押す。加圧終了後**10〜15**分放置する。

④ 仕上げ

圧力が抜けたのを確認し、 ふたを開ける。 底から混ぜて味をなじませる。
＊器に盛り、 好みで刻んだパセリを散らす。

圧力調理前

ひよこ豆を敷き詰め、
鶏肉を並べ、 セロリ、
にんにくをのせる。

圧力調理後

味変 *Idea*

材料をかえる、 食べ方のアイデア提案

材料のひよこ豆のかわりに、 ゆで大豆やミックスビーンズでもいい。 肉が	残ったら、 細かく切って、 トマトやレタスなどとあえてサラダにしても。

豚の角煮

豚の角煮は電気圧力鍋の得意料理、作りおきにも最適。 脂が気になるなら、ひと晩冷やして脂を取り除くのがおすすめ。

材料（2人分）

豚バラかたまり肉 ……… 400g
長ねぎ ……… 1本（120g）
しょうが ……… 1/2かけ
ゆで卵（殻をむいたもの）……… 2個

A
しょうゆ ……… 大さじ2と1/2
砂糖 ……… 大さじ2
みりん ……… 大さじ2
酒 ……… 大さじ2

作り方

① 下ごしらえ

豚バラ肉 » 6等分に切り、 ざるなどに並べて熱湯を回しかける。 アクが出たらキッチンペーパーで拭いて除く。
長ねぎ » 6cm長さに切る。
しょうが » 皮をむいて、 薄切りにする。
A » 混ぜる。

② 電気圧力鍋に入れる

内鍋にねぎの1/2量、 豚肉、 残りのねぎ、 しょうがの順に入れる。 **A**を回し入れ、 ふたを閉める。

③ 圧力調理　加圧：**20**分　放置：**30**分

加圧を**20**分に設定し、 スタートボタンを押す。 加圧終了後**30**分放置する。

④ 仕上げ

圧力が抜けたのを確認し、 ふたを開ける。 ゆで卵を加え、 保温機能を利用して、 ふたを閉めて15分おく。 再びふたを開け、 底から混ぜて味をなじませる。
＊好みで練りからしを添える。

圧力調理前

ねぎ、 豚肉、 ねぎの順に入れることで、 豚肉のくさみがやわらぐ。

圧力調理後

殻をむいたゆで卵を加える。 ふたを閉め、 保温機能を利用する。

食べ方 Arrange

脂が気になる場合の、 脂の取り除き方

冷蔵庫にひと晩入れて冷やすと、 煮汁にとけている脂は表面に浮いて白く固まるので、 箸などでつまんで | 取り除く。 温め直し、 器に盛る。

鶏手羽の筑前煮

骨つき肉からうまみが出るのでだしは不要。 手羽中のかわりに手羽元、 手羽先でも。 野菜類は、 合計の量 (g) をレシピに合わせてあるものだけでも。

材料（2人分）

鶏手羽中 ──── 10本 (500g)
にんじん ──── 1/2本 (100g)
里いも ──── 3個 (200g)
れんこん ──── 1/2節 (100g)
ごぼう ──── 1/2本 (130g)
しいたけ ──── 4枚 (60g)
こんにゃく ──── 1/2枚 (100g)

A │ しょうゆ ──── 大さじ2と1/2
　│ 砂糖 ──── 大さじ1と1/2
　│ みりん ──── 大さじ2
　│ 水 ──── 大さじ2

作り方

① 下ごしらえ

鶏手羽中 » キッチンペーパーで水けを拭く。
にんじん、 里いも » 皮をむいて、 一口大の乱切りにする。
れんこん、 ごぼう » 表面をこすって洗い、 一口大の乱切りにする。 水にさらしてアクを抜き、 水けをきる。
しいたけ » 軸の先のかたい部分を切り落とし、 軸ごと2等分に切る。
こんにゃく » 食べやすい大きさにちぎる。
A » 混ぜる。

② 電気圧力鍋に入れる

内鍋に具材をすべて入れる。 Aを回し入れ、 ふたを閉める。

③ 圧力調理　加圧:5分　放置:10〜15分

加圧を5分に設定し、スタートボタンを押す。加圧終了後10〜15分放置する。

④ 仕上げ

圧力が抜けたのを確認し、 ふたを開ける。 底から混ぜて味をなじませる。

圧力調理前

手羽中、にんじん、里いも、れんこん、ごぼう、こんにゃく、しいたけを入れる（順番はない）。

圧力調理後

食べ方 Arrange

お弁当に大活躍。 残ったら炊き込みごはんに

お弁当のおかずや、作りおきとしても大活躍。鶏手羽中の骨をはずして肉を刻み、│ 野菜類も刻み、米と一緒に炊き込んでもおいしい。

57

具だくさんもつ煮

時間がかかる料理も、 ほったらかしで、 お店に負けない一品に。 もつは、 ボイルしたものを使えば、 洗って水けをきる程度でよく、 下ゆでは不要。

材料（2人分）

豚白もつ（ゆでたもの） ……… 200g
にんじん ……… 1本（200g）
大根 ……… 1/4本（250g）
ごぼう ……… 1/2本（130g）
こんにゃく ……… 1/2枚（100g）
しょうが ……… 1かけ

A | しょうゆ ……… 大さじ2と1/2
砂糖 ……… 大さじ2
みそ ……… 大さじ2
酒 ……… 50㎖
水 ……… 大さじ2
赤唐辛子（小口切り） ……… 1本分

作り方

❶ 下ごしらえ

豚白もつ 》 洗って、 ざるにあげ、 水けをきる。
にんじん、 大根 》 皮をむいて、 一口大の乱切りにする。
ごぼう 》 表面をこすって洗い、 一口大の乱切りにする。 水にさらしてアクを抜き、 水けをきる。
こんにゃく 》 食べやすい大きさにちぎる。
しょうが 》 皮をむいて、 薄切りにする。
A 》 混ぜる。

❷ 電気圧力鍋に入れる

内鍋にこんにゃく、 白もつ、 にんじん、 大根、 ごぼう、 しょうがの順に入れる。 Aを回し入れ、 ふたを閉める。

❸ 圧力調理 加圧：**10**分 放置：**10～15**分

加圧を**10**分に設定し、スタートボタンを押す。加圧終了後**10～15**分放置する。

❹ 仕上げ

圧力が抜けたのを確認し、 ふたを開ける。 底から混ぜて味をなじませる。

圧力調理前

最初に味のしみにくい、 こんにゃく、白もつを入れるのがポイント。その上ににんじん、大根、ごぼう、しょうがをのせる。

圧力調理後

味変 *Idea*

仕上げに風味をつけて楽しむ

食べる際に、七味唐辛子、一味唐辛子、山椒、粗びき黒こしょうなどをふると変 | 化を楽しめる。練りからし、おろししょうがをつけて食べるのもおすすめ。

59

カムジャタン

カムジャタンとは、ピリ辛味の韓国風肉じゃが。電気圧力鍋なら、骨つき肉も大きなじゃがいもも、10分の加圧調理でやわらかに。

材料（2人分）

豚スペアリブ —— 6本（400g）	**A** にんにく（すりおろし）	みりん —— 大さじ2
じゃがいも —— 3個（450g）	—— 小さじ1/2	水 —— 100mℓ
玉ねぎ —— 小1個（150g）	コチュジャン —— 大さじ2	
	オイスターソース —— 大さじ1	

圧力調理前

Aとスペアリブを入れてよく混ぜて味をなじませる。上に、じゃがいも、玉ねぎをのせる。

圧力調理後

作り方

❶ 下ごしらえ

じゃがいも » 皮をむいて、半分に切る。
玉ねぎ » 皮をむいて、4等分に切る。
にんにく » 薄切りにする。

❷ 電気圧力鍋に入れる

内鍋に**A**、スペアリブを入れて混ぜてから、じゃがいも、玉ねぎを加える。分量の水を回し入れ、ふたを閉める。

❸ 圧力調理 〔加圧：**10**分〕〔放置：**10〜15**分〕

加圧を**10**分に設定し、スタートボタンを押す。加圧終了後**10〜15**分放置する。

❹ 仕上げ

圧力が抜けたのを確認し、ふたを開ける。底から混ぜて味をなじませる。

ルーローハン風

ルーローハンとは、豚肉を香辛料とともに甘辛く煮た、台湾のローカルフード。ごはんにのせて丼風にして楽しんで。

材料（2人分）

豚バラかたまり肉	400g
長ねぎ	1本（120g）
A しょうゆ	大さじ2
水	大さじ2
砂糖	大さじ1と1/2
酒	50mℓ
五香粉（あれば）	小さじ1
しょうが（すりおろし）	小さじ1
にんにく（すりおろし）	小さじ1

作り方

❶ 下ごしらえ

豚バラ肉 » 1cm幅に切り、ざるなどに並べて熱湯を回しかける。アクが出たらキッチンペーパーで拭いて除く。
長ねぎ » 1cm幅の小口切りにする。
A » 混ぜる。

❷ 電気圧力鍋に入れる

内鍋に長ねぎの1/2量、豚バラ肉、残りの長ねぎの順に入れる。**A**を回し入れ、ふたを閉める。

❸ 圧力調理 （加圧：**15分**） （放置：**10〜15分**）

加圧を**15分**に設定し、スタートボタンを押す。加圧終了後**10〜15分**放置する。

❹ 仕上げ

圧力が抜けたのを確認し、ふたを開ける。底から混ぜて味をなじませる。
＊ごはんとともに器に盛り、好みで香菜をのせる。

圧力調理前

ねぎの1/2量を敷き詰め、その上に肉を並べ、最後に残りのねぎを入れる。

圧力調理後

61

たことオリーブのトマト煮

長時間煮ないとやわらかくなりにくいたこが、加圧15分でやわらかく。白ワインやビールと相性抜群。

材料（2人分）

たこ ……… 300g	
ブラックオリーブ ……… 10個	
にんにく ……… 1かけ	
ローリエ（あれば）……… 1枚	

A │ 白ワイン ……… 60㎖
　　│ トマトケチャップ ……… 大さじ3
　　│ 塩 ……… 小さじ1/2
　　│ 粗びき黒こしょう ……… 少々
トマト ……… 1個
オリーブオイル ……… 小さじ1

作り方

① 下ごしらえ

たこ » めん棒などでよくたたいて、一口大に切る。
にんにく » 皮をむいて、半分に切る。
A » 混ぜる。

② 電気圧力鍋に入れる

内鍋にたこ、オリーブ、にんにくの順に入れる。ローリエをのせ、**A**を回し入れ、ふたを閉める。

③ 圧力調理　加圧：**15**分　放置：**10〜15**分

加圧を**15**分に設定し、スタートボタンを押す。加圧終了後**10〜15**分放置する。

④ 仕上げ

圧力が抜けたのを確認し、ふたを開ける。トマトを一口大に切って入れ、オリーブオイルも加え、底から混ぜて味をなじませる。
＊器に盛り、好みで刻んだパセリを散らす。

圧力調理前

火が通りにくいたこは、鍋底に敷き詰めるように入れる。残りの具材を入れ、**A**を最後に加える。

圧力調理後

味変 *Idea*

トマトの火の通し方で味わいが変化

トマトは生を加熱後に加えるが、すぐに食べるとサラダ風のフレッシュな味わいに。保温状態でトマトに熱を加えると煮物風になるので、時間をおくことでふたつの食感と味わいを楽しめる。

韓国風さばのみそ煮

64

（ 圧力調理で、 さばの身はふっくらと仕上がり、 よく味がしみる。 にらは圧力
調理後に加えて、 歯ごたえが残る程度がおいしい。 ）

材料（2人分）

さば（三枚におろしたもの）	1尾分
大根	1/5本（200g）
長ねぎ	1/5本
にら	1/2束

A	
コチュジャン	大さじ2
しょうゆ	大さじ2
にんにく（すりおろし）	小さじ1
しょうが（すりおろし）	小さじ1
砂糖	小さじ1/2
酒	50㎖
水	大さじ2

作り方

❶ 下ごしらえ

さば 》 それぞれ3等分に切る。
大根 》 皮をむいて、 5mm厚さの半月切りにする。
A 》 混ぜる。

❷ 電気圧力鍋に入れる

内鍋に大根、 さばの順に入れる。 Aを回し入れ、 ふたを閉める。

❸ 圧力調理 〔加圧:**5分**〕 〔放置:**10〜15分**〕

加圧を**5分**に設定し、 スタートボタンを押す。 加圧終了後**10〜15分**放置する。

❹ 仕上げ

圧力が抜けたのを確認し、 ふたを開ける。 にらを5cm長さに切って入れ、
魚の身を崩さないように混ぜて味をなじませる。

圧力調理前

大根を敷き詰め、 上
にさばを魚同士が重
ならないよう並べ、 **A**
を回し入れる。

圧力調理後

ふたを開けてからにら
を加える。 混ぜるとき
は、 魚の身を崩さな
いよう注意。

食べ方 Arrange

さばの骨までやわらかくしたい場合

ここでの圧力調理では、
骨はやわらかくなりません。
骨までやわらかくしたい場
合は、 さばと**A**を入れて、
加圧を60分（器具によって
30分×2回）するといい。
そのあとに、 ゆでた大根、
にらを加えて混ぜる。

たらと長ねぎのアクアパッツァ風

魚は、たらのほか、鯛、かじきを使っても。トマトの水分を考え、加える水分を少し控えめに。

材料（2人分）

たら（切り身）…… 2切れ（200g）	長ねぎ …… 1本（120g）	バジル …… 4〜5枝
｜ 塩 …… 小さじ1/2	ブラックオリーブ …… 10個	白ワイン …… 50mℓ
あさり（砂抜きしたもの）	ミニトマト …… 6個（100g）	塩 …… 小さじ1/2
…… 100g	にんにく …… 1かけ	

圧力調理前

うまみの出るあさりは
上に置くのがコツ。

圧力調理後

作り方

❶ 下ごしらえ

たら » 塩をふって冷蔵庫に10分おき、キッチンペーパーで水けを拭く。　**あさり** » 水で洗って、ざるにあげる。　**長ねぎ** » 1cm幅の斜め切りにする。　**ミニトマト** » へたを除く。　**にんにく** » 皮をむいて、薄切りにする。　**バジル** » 葉を摘み、茎は1cm長さに刻む。

❷ 電気圧力鍋に入れる

内鍋に長ねぎ、たら、あさり、オリーブ、ミニトマト、にんにく、バジルの茎、塩を入れる。白ワインを回し入れ、ふたを閉める。

❸ 圧力調理　加圧：**3**分　放置：**10〜15**分

加圧を3分に設定し、スタートボタンを押す。加圧終了後**10〜15**分放置する。

❹ 仕上げ

圧力が抜けたのを確認し、ふたを開ける。魚の身を崩さないようにとり出して、ほかの具材とともに器に盛り、煮汁をかける。

※バジルを添え、あればくし形に切ったレモンをしぼり、好みでこしょうをふる。

いわしとパプリカの スペイン風煮込み

> 圧力調理で魚の身はふっくら仕上がり、 中までしっかり味がしみる。
> 骨までやわらかくしたい場合は、 加圧の設定時間を30分にして。

材料 (2人分)

いわし —— 4尾 (400g)	グリーンオリーブ —— 10個	水 —— 大さじ2
パプリカ (赤) —— 1/2個	にんにく —— 1かけ	ローリエ (あれば) —— 1枚
トマト —— 中1個	塩 —— 小さじ2/3	オリーブオイル —— 大さじ1/2
セロリ —— 1/2本 (50g)	白ワイン —— 大さじ2	

作り方

❶ 下ごしらえ

いわし » 頭と内臓を取り除き、 水洗いし、 キッチンペーパーで水けを拭く。
パプリカ » へたと種を除き、 1cm幅に切る。 **トマト** » 1.5cm角に切る。 **セロリ** » 斜め薄切りにする。 **にんにく** » 皮をむいて、 薄切りにする。

❷ 電気圧力鍋に入れる

内鍋にセロリ、 パプリカ、 いわし、 トマト、 オリーブ、 にんにく、 塩、 白ワイン水の順に入れる。 ローリエをのせ、 ふたを閉める。

❸ 圧力調理 （加圧：**10**分）（放置：**10～15**分）

加圧を**10**分に設定し、スタートボタンを押す。加圧終了後**10～15**分放置する。

❹ 仕上げ

圧力が抜けたのを確認し、 ふたを開ける。 オリーブオイルを回し入れ、 魚の身を崩さないようにとり出して、 ほかの具材とともに器に盛り、 煮汁をかける。

圧力調理前

セロリとパプリカを敷き詰め、 いわしを魚同士が重ならないよう並べ、 トマト、 オリーブ、 にんにくをのせる。

圧力調理後

鶏ときのこのカレーパエリア風

電気圧力鍋はごはんを炊くのも得意。 かためがおいしいパエリアは、 ほかの材料と炊いてOK。

材料（2人分）

鶏もも肉 ──── 大1枚（350g）
　塩 ──── 小さじ1/2
　粗びき黒こしょう ──── 少々
米 ──── 270㎖（1.5合・225g）
しめじ ──── 1パック（100g）
まいたけ ──── 1パック（100g）
しいたけ ──── 3枚（45g）

玉ねぎ ──── 1/2個（100g）
にんにく ──── 1かけ
水 ──── 300㎖
塩 ──── 小さじ1/2
カレー粉 ──── 大さじ1
オリーブオイル ──── 大さじ1
パセリ（みじん切り） ──── 少々

作り方

① 下ごしらえ

鶏もも肉 » キッチンペーパーで水けを拭き、 余分な脂肪をキッチンばさみなどで除く。 一口大に切り、 塩、 粗びき黒こしょうをすり込む。
米 » 洗って水けをきる。
しめじ、 まいたけ » それぞれ、 根元を除いて大きめにほぐす。
しいたけ » 軸の先のかたい部分を切り落とし、 軸ごと縦に4等分に切る。
玉ねぎ、 にんにく » 皮をむいて、 粗みじんに切る。

② 電気圧力鍋に入れる

内鍋に米を入れ、 分量の水を加える。 玉ねぎ、 にんにく、 カレー粉、 塩、 オリーブオイルを入れて混ぜる。 鶏もも肉、 きのこをのせて、 ふたを閉める。

③ 圧力調理 　加圧：**10**分　放置：**10〜15**分

加圧を**10**分に設定し、スタートボタンを押す。加圧終了後**10〜15**分放置する。

④ 仕上げ

圧力が抜けたのを確認し、ふたを開ける。底から返してごはんと具材をざっくりと混ぜる。

＊器に盛り、 好みで刻んだパセリを散らす。

味変 *Idea*

サフランがある場合は、 分量の水にサフランを浸して水に黄色い色をつけてから使う。 具材はきのこ類に

マッシュルームを加えたり、 肉をえびやあさりなど魚介類にかえても。

圧力調理前

まず米を入れ、 水を注ぐ。 米にきちんと火を通すため、 みじん切り野菜、 調味料を入れてよくまぜてから、 肉、 きのこは上にのせる。

圧力調理後

鯛は、骨つきを選ぶと、いいだしが出て、香りや味わいが増す。圧力調理後は、鯛を取り出し、皮と小骨を除いてからごはんと混ぜて。

材料（2人分）

鯛（切り身） ……… 2切れ（200g）
｜塩 ……… 小さじ1/2
米 ……… 270mℓ（1.5合・225g）
もち米 ……… 90mℓ（0.5合・75g）
梅干し ……… 2個（50g）
昆布 ……… 1枚（5×10cm）

酒 ……… 50mℓ
水 ……… 250mℓ
薄口しょうゆ ……… 大さじ1/2
しょうが ……… ひとかけ

作り方

❶ 下ごしらえ

鯛 » キッチンペーパーで水けを拭き、塩をふり、魚焼きグリルで弱火で6分焼く。
米、もち米 » 合わせて洗って、ざるにあげる。
しょうが » 皮をむいて、せん切りにして水にさらし、ざるにあげる。

❷ 電気圧力鍋に入れる

内鍋に米ともち米、酒、分量の水を入れる。梅干しをほぐしながら種ごと加え、昆布、焼いた鯛をのせる。ふたを閉める。

❸ 圧力調理　加圧：**8**分　放置：**10〜15**分

加圧を**8**分に設定し、スタートボタンを押す。加圧終了後**10〜15**分放置する。

❹ 仕上げ

圧力が抜けたのを確認し、ふたを開ける。昆布、梅干しの種は除き、鯛はとり出して骨と皮を除き、身をほぐす。鯛の身を戻し、薄口しょうゆ、しょうがを加え、底から返してざっくりと混ぜる。

＊食べるときに、斜め細切りにした万能ねぎ、みょうがを添える。

圧力調理前

まず米、もち米、酒、水を入れる。昆布と鯛をのせることで味がしっかりとしみる。

圧力調理後

鯛の身、薄口しょうゆ、しょうがを入れ、底から返して、米粒をつぶさないよう具を混ぜる。

ちまき風炊き込みごはん

圧力調理では、 米は洗米後、 浸水させずに炊き始めても大丈夫。 具だくさんの炊き込みごはんなので、 これひとつで栄養バランスもよし。

材料（2人分）

豚肩ロースかたまり肉 ────── 300g

A │ 塩 ────── 小さじ1/3
　│ 粗びき黒こしょう ────── 少々
　│ オイスターソース ────── 大さじ1と1/2
　│ しょうゆ ────── 大さじ1

たけのこ ────── 小1/2本（150g）

長ねぎ ────── 1/2本（60g）

しいたけ ────── 2枚（30g）

米 ────── 180㎖（1合・150g）

もち米 ────── 90㎖（0.5合・75g）

酒 ────── 50㎖

水 ────── 250㎖

作り方

① 下ごしらえ

豚肩ロース肉 ≫ 1.5cm角に切り、 Aを加えて混ぜる。
たけのこ ≫ 1cm角に切る。
長ねぎ ≫ 1cm幅の小口切りにする。
しいたけ ≫ 軸の先のかたい部分を除き、 軸ごと縦6等分に切る。
米、 もち米 ≫ 合わせて洗って、 ざるにあげる。

② 電気圧力鍋に入れる

内鍋に米ともち米、 酒、 分量の水を入れる。 たけのこ、 長ねぎ、しいたけ、 下味をつけた豚肉の順にのせる。 ふたを閉める。

③ 圧力調理　加圧：**8分**　放置：**10〜15分**

加圧を8分に設定し、スタートボタンを押す。加圧終了後10〜15分放置する。

④ 仕上げ

圧力が抜けたのを確認し、ふたを開ける。 底から返してざっくりと混ぜる。

圧力調理前

米ともち米を入れたら、 酒、 分量の水を入れる。 米にきちんと火を通すため具材は上にのせる。 肉は下味をつけて入れることで味がよくしみる。

圧力調理後

食べ方 Arrange

もち米がなければ、 すべて白米を使ってもいい。 具材は豚肉のかわりに牛肉や鶏もも肉でも。 たけのこのかわりにごぼうやれんこんでもいい。 冷めてもおいしいので、 おにぎり、 お弁当にしても。

73

もち麦のスープリゾット
ミネストローネ風

ずっとかき混ぜて作るリゾットも、電気圧力鍋ならほったらかしで完成。もち麦を入れると、サラサラで口あたりがよく。

材料（2人分）

ベーコン（厚切り
　またはブロック）……… 60g
玉ねぎ ……… 1/4個（50g）
キャベツ ……… 1/8個（120g）
トマト ……… 小1個（150g）
にんじん ……… 1/2本（100g）
セロリ ……… 1/4本（25g）

もち麦 ……… 1/4カップ
ローリエ ……… 1枚
水 ……… 400㎖
バター ……… 10g
塩 ……… 小さじ1
粗びき黒こしょう ……… 少々

作り方

❶ 下ごしらえ

ベーコン ≫ 1cm幅に切る。
玉ねぎ、にんじん ≫ 皮をむいて、1.5cm角に切る。
キャベツ ≫ 葉をはがし、1.5cm角に切る。
トマト、セロリ ≫ 1.5cm角に切る。

❷ 電気圧力鍋に入れる

内鍋にもち麦を入れ、ベーコン、野菜類を入れ、ローリエを加える。分量の水を回し入れ、ふたを閉める。

❸ 圧力調理　加圧:**5**分　放置:**10〜15**分

加圧を**5**分に設定し、スタートボタンを押す。加圧終了後**10〜15**分放置する。

❹ 仕上げ

圧力が抜けたのを確認し、ふたを開ける。バターを加え、塩、粗びき黒こしょうをふって、全体をよく混ぜる。
＊器に盛り、好みで刻んだパセリを散らす。

食べ方 *Arrange*

もち麦は、米や雑穀米にかえてもおいしい。野菜は冷蔵庫にあるものでいいので、全部そろえなくてもい｜い。仕上げに粉チーズをふってもおいしいが、その場合は塩を少し控えたほうがいい。

圧力調理前

内鍋にもち麦を入れる（洗わなくてOK）。ベーコン、玉ねぎ、キャベツ、トマト、にんじんは合わせてのせていい。

圧力調理後

バター、調味料を加えて混ぜる。

Part3 電気圧力鍋で、おうちで簡単ごちそうメニュー

休日のイベントや、 だれかを呼んだ日に作りたいごちそう料理です。

圧力調理を2回に分けたり、 時間がかかるものもありますが、

材料を入れたら、 ほったらかしでOKなので、

電気圧力鍋に少し慣れたら、 ぜひ挑戦してください。

とっておきのごちそうが、 おいしく、 手軽にできることに驚くはず。

これができれば、 あなたも電気圧力鍋マスター!

ビーフシチュー

食べ方 Arrange

仕上げに生クリームや野菜を加えて

好みで、食べるときに生クリームをかけると、まろやかで、よりリッチな味わいになる。彩りを加えたいと

きは、さっとゆでたブロッコリーや冷凍グリンピースを添えても。

まずは肉を圧力調理でやわらかくし、 野菜を加えて再度圧力調理。 とろみは
野菜と小麦粉でつける。 ルウを使わず作るレストラン級の味わい。

材料（2人分）

牛すねかたまり肉 ------- 500g	じゃがいも ------- 2個（300g）
塩 ------- 小さじ1	にんじん ------- 1本（200g）
粗びき黒こしょう ------- 少々	玉ねぎ ------- 1個（200g）
小麦粉 ------- 大さじ1と1/2	マッシュルーム ------- 4個

A 玉ねぎ ------- 1/4個（50g）　　塩 ------- 小さじ2/3
　　セロリ ------- 1/2本（50g）　　小麦粉 ------- 大さじ1/2
　　にんにく ------- 1かけ　　　　粗びき黒こしょう ------- 少々
　　トマト缶（ホールタイプ）　　中濃ソース ------- 大さじ3
　　　------- 1/2缶（200g）　　　水 ------- 100mℓ
　　赤ワイン ------- 大さじ2　　　バター ------- 10g
　　ローリエ ------- 1枚

圧力調理前

肉同士が重ならないよ
うに入れ、 汁に浸るよ
うにする。 1回目の圧
力調理は肉をやわらか
くするのが目的。

作り方

❶ 下ごしらえ

牛すね肉 » 脂肪と赤身の境目を両面数カ所、 包丁でさしてすじを切る。 6等
分ほどに切り、 塩、 粗びき黒こしょうをすり込み、 小麦粉をまぶす。
A » 玉ねぎ、 セロリ、 にんにくはみじん切りにする。 トマトホールはつぶす。
じゃがいも、 にんじん、 玉ねぎ » 皮をむいて、 大きめの一口大に切る。
マッシュルーム » 石づきを落とし、 縦半分に切る。

❷ 電気圧力鍋に入れる

内鍋に**A**を入れる。 牛肉を並べ入れ、 ふたを閉める。

❸ 圧力調理 1回目　 加圧:**20**分　 放置:**30**分

加圧を**20**分に設定し、 スタートボタンを押す。 加圧終了後**30**分放置する。

1回目の圧力調理後

野菜類に小麦粉をまぶ
して加えると、 煮汁に
適度なとろみがつく。
2回目の圧力調理で野
菜をやわらかくする。

❹ 電気圧力鍋に材料を追加

じゃがいも、 にんじん、 玉ねぎ、 マッシュルームに小麦粉をまぶす。
圧力が抜けたのを確認し、ふたを開け、小麦粉をまぶした野菜類、中濃ソース、
分量の水、 塩を入れる。

❺ 圧力調理 2回目　 加圧:**5**分　 放置:**30**分

加圧を**5**分に設定し、 スタートボタンを押す。 加圧終了後**30**分放置する。

❻ 仕上げ

2回目の圧力調理後

圧力が抜けたのを確認し、 ふたを開ける。 バターを加え、 底から混ぜて味を
なじませる。 器に盛り、 好みでパセリを散らす。

＊もう少しとろみをつけたい場合は、 ふたをはずして"煮る"機能を使って好みの加減まで煮つめてからバターを加える。

牛すね肉のボルシチ

食べ方 Arrange

仕上げに水きりヨーグルトをかける

ビーツは酸味と相性がいいので、食べるときに、サワークリームやヨーグルトを添え、混ぜながら食べるのもおすすめ。このときヨーグルトは、キッチンペーパーの上にしばらくのせて、水きりしたものを使う。

独特の赤色が特徴のロシア料理ボルシチは、 缶詰のビーツを使えば手軽。
圧力調理は2回に分け、 2回目で野菜を加えるのがコツ。

材料（2人分）

牛すねかたまり肉 ------ 400g
　塩 ------ 小さじ1
　粗びき黒こしょう ------ 少々
　小麦粉 ------ 大さじ1
A　水 ------ 200㎖
　　白ワイン ------ 50㎖
　　トマト缶（ダイスカット）------ 1/2缶（200g）
にんにく ------ 1かけ
ローリエ ------ 1枚

ビーツ水煮（缶詰）------ 1缶（400g）
じゃがいも ------ 大1個（200g）
にんじん ------ 1/2本（100g）
キャベツ ------ 1/8個（130g）
玉ねぎ ------ 1/4個（50g）
塩 ------ 小さじ2/3
オリーブオイル ------ 大さじ1/2

作り方

❶ 下ごしらえ

牛すね肉 » 脂肪と赤身の境目を両面数カ所、 包丁でさしてすじを切る。 8等分に切り、 塩、 粗びき黒こしょうをすり込み、 小麦粉をまぶす。
じゃがいも、 にんじん、 玉ねぎ » 皮をむいて、 食べやすい大きさに切る。
キャベツ » 食べやすい大きさに切る。
にんにく » 皮をむいて、 薄切りにする。

❷ 電気圧力鍋に入れる

内鍋に牛すね肉、 にんにく、 **A**、 ローリエを順に入れ、 ふたを閉める。

❸ 圧力調理1回目　加圧:**20**分　放置:**30**分

加圧を**20**分に設定し、 スタートボタンを押す。 加圧終了後**30**分放置する。

❹ 電気圧力鍋に材料を追加

圧力が抜けたのを確認し、ふたを開ける。 じゃがいも、にんじん、玉ねぎ、キャベツの順に加え、 ビーツ水煮を缶汁ごと入れる。 塩を加え、 ふたを閉める。

❺ 圧力調理2回目　加圧:**5**分　放置:**30**分

加圧を**5**分に設定し、 スタートボタンを押す。 加圧終了後**30**分放置する。

❻ 仕上げ

圧力が抜けたのを確認し、 ふたを開ける。 オリーブオイルと、 塩、 粗びき黒こしょう各少々（分量外）を加え、 底から混ぜて味をなじませる。

圧力調理前

肉同士が重ならないよう鍋底に並べる。

1回目の圧力調理後

野菜類はかたいものから入れるといい。 ビーツは缶汁も利用する。 再び圧力調理する。

2回目の圧力調理後

チキンフリカッセ・レモン風味

生クリームで肉を煮込むフランスの家庭料理。ここではレモンを加えて、適度な酸味でさっぱり食べられるように工夫。

材料（2人分）

鶏もも骨つき肉
　　—— 2本（1本300〜400g）
　塩 —— 大さじ1/2
　粗びき黒こしょう —— 少々
　小麦粉 —— 大さじ1

マッシュルーム —— 4個
玉ねぎ —— 1/2個（100g）
白ワイン —— 大さじ2
生クリーム —— 200㎖
レモン（薄切り）—— 4枚

作り方

❶ 下ごしらえ

鶏もも骨つき肉》骨に沿って切り込みを入れて開く。塩、粗びき黒こしょうをすり込み、小麦粉をまぶす。
マッシュルーム》石づきを落とし、薄切りにする。
玉ねぎ》皮をむいて、薄切りにする。

❷ 電気圧力鍋に入れる

内鍋に白ワイン、生クリーム、玉ねぎ、鶏肉、マッシュルーム、レモンの順に入れる。ふたを閉める。

❸ 圧力調理　加圧:**20**分　放置:**30**分

加圧を**20**分に設定し、スタートボタンを押す。加圧終了後**30**分放置する。

❹ 仕上げ

圧力が抜けたのを確認し、ふたを開ける。塩、粗びき黒こしょう各少々（分量外）を加え、底から混ぜて味をなじませる。

＊好みで刻んだパセリを散らす。

圧力調理前

煮汁となるワインと生クリームを入れてから、玉ねぎ、鶏肉を加える。上にマッシュルーム、レモンをのせる。

圧力調理後

食べ方 Arrange

ゆでた野菜をつけ合わせても

圧力調理の間に、ゆでるまたは、電子レンジで加熱した野菜（ブロッコリー、にんじん、さやいんげん、スナップえんどうなど）をつけ合わせとして添えてもいい。

83

豆と豚肉のカスレ風煮込み

カスレとは豆と肉をトマトで煮込んだ南フランスの料理。 豚スペアリブを使って圧力調理をすると骨からうまみが出て、 肉もほろほろに。

材料 (2～3人分)

豚スペアリブ ─── 6本 (400g)
　塩 ─── 小さじ1/2
　粗びき黒こしょう ─── 少々
ベーコン (ブロック) ─── 80g
白いんげん豆水煮 (缶詰) ─── 200g
玉ねぎ ─── 1/4個 (50g)
セロリ ─── 大1/2本 (75g)

にんにく ─── 2かけ
トマト缶 (ダイスカット) ─── 1/2缶 (200g)
ローリエ ─── 1枚
白ワイン ─── 大さじ2
塩 ─── 小さじ1/2

作り方

❶ 下ごしらえ

豚スペアリブ » 塩、 粗びき黒こしょうをすり込む。
ベーコン » 1cm幅に切る
白いんげん豆 » 缶汁をきり、 さっと洗う。
玉ねぎ、 にんにく » 皮をむいて、 粗みじん切りにする。
セロリ » 粗みじん切りにする。

❷ 電気圧力鍋に入れる

内鍋にトマト缶、 野菜類 (玉ねぎ、 セロリ、 にんにく)、 白いんげん豆、 スペアリブ、 ベーコンの順に入れる。 ローリエをのせ、 塩をふり、 白ワインを回し入れ、 ふたを閉める。

❸ 圧力調理 〔加圧:**15**分〕〔放置:**30**分〕

加圧を**15**分に設定し、 スタートボタンを押す。 加圧終了後**30**分放置する。

❹ 仕上げ

圧力が抜けたのを確認し、 ふたを開ける。 塩、 粗びき黒こしょう各少々 (分量外) を加え、 底から混ぜて味をなじませる。
＊好みで刻んだパセリを散らす。

圧力調理前

野菜類、 豆の上に肉類を並べることで、 肉のうまみが全体にゆきわたりやすくなる。

圧力調理後

食べ方 *Arrange*

パン粉をかけて焼くと本場風の仕上がりに

できあがりを耐熱容器に移す (スペアリブは骨をはずして肉だけをほぐして)。 パン粉をふり、 オリーブオイルを回しかけ、 200℃のオーブンで15～20分焼くと、 本場フランスのカスレが完成!

クスクスロワイヤル

86

クスクスとは、ラムなどの肉と野菜の煮込みをスムール（粒状のパスタ）と混ぜて食べる地中海料理。スムールのかわりにごはんにかけて食べても。

材料（2人分）

ラムチョップ ……… 4本
　ガラムマサラ（なければカレー粉）……… 小さじ1
　塩 ……… 小さじ1/2
玉ねぎ ……… 1/2個（100g）
にんじん ……… 1/2本（100g）
ズッキーニ ……… 1本（100g）

ひよこ豆（水煮缶詰、またはドライパック）
　……… 200g
塩 ……… 小さじ1/2
にんにく（すりおろし）……… 小さじ1
しょうが（すりおろし）……… 小さじ1
レモン（薄切り）……… 4枚
水 ……… 100ml

作り方

① 下ごしらえ

ラムチョップ » ガラムマサラ、塩をすり込む。
玉ねぎ、にんじん » 皮をむいて、1.5cm角に切る。
ズッキーニ » 1.5cm角に切る。
ひよこ豆 » 缶汁をきる。

② 電気圧力鍋に入れる

内鍋にひよこ豆、ラムチョップ、野菜類（玉ねぎ、にんじん、ズッキーニ）、にんにく、しょうが、レモンを順に入れ、塩をふり、分量の水を回し入れる。

③ 圧力調理　加圧:**10**分　放置:**10〜15**分

加圧を**10**分に設定し、スタートボタンを押す。加圧終了後**10〜15**分放置する。

④ 仕上げ

圧力が抜けたのを確認し、ふたを開ける。塩、粗びき黒こしょう各少々（分量外）を加え、底から混ぜて味をなじませる。

＊食べるときに、蒸したクスクススムール（もどし方は下記コラム）、またはごはんを添えて、混ぜながら食べる。好みで香菜を添えても。

圧力調理前

肉の上に野菜、レモンをのせることで肉のくさみをやわらげる効果がある。

圧力調理後

スムールについて。購入法、調理法

スムールはクスクススムールとも呼ばれる粒状のパスタ。北アフリカ、南フランスなどでよく食べられる。スムールは輸入食材を扱う店、ネット通販などで購入可能。

【スムールのもどし方】
150gのスムールに150mlの熱湯を加えて軽く混ぜ、ふんわりとラップをかけて電子レンジ600Wで3分加熱、そのまま1分おく。塩小さじ1/5、オリーブオイル小さじ1を加え、ほぐしながらよく混ぜる。温め直しも可。

Part4

電気圧力鍋で、低温調理メニュー

電気圧力鍋にも、

人気の低温調理機能がついている機種が増えてきました。

この本でも低温調理の作りやすい料理をご紹介しています。

食品用の耐熱ポリ袋に食材を入れ、水といっしょに電気圧力鍋へ。

セッティングしてスタートボタンを押したらほったらかしでOK。

できあがりのジューシーでなめらかな口当たりに驚くはず。

作りおきにも最適な調理法なので、

低温調理で料理の幅がぐんと広がるはず。

低温調理の特徴

電気圧力鍋の低温調理機能について解説します。 機種によって、
設定できる温度が違うので、 取扱説明書で必ず確認してください。

低温調理とは？

**食材を耐熱ポリ袋に入れ、 一定の温度の湯の中で、
袋ごと加熱する調理法**

食材の味や食感を生かせる最適な温度に設定。 器械がその温度を保
つことで、 食材の中心まで均一に加熱されるため、 今まで**勘や経験
が重要だった火加減や火の通し具合による失敗や悩みがなくなりま
す**。 温度と時間を設定すれば、 レシピ通りの仕上がりに。

食材を入れた耐熱ポリ袋を水に沈めて低温調理スタート。
火加減が難しい肉料理は得意中の得意。

究極の "ほったらかし料理"

食材が入った袋を湯の中に入れて、 ボタンを押すだけ

温度と時間を設定してスタートボタンを押したら、 あとは**器械が温度をコントロール**。 火を使わな
いので安全。 火の通りすぎ、 焦げつきなどを心配することもなく、 **目を離してもOK**。 **できあがり
を待つだけです**。

Attention 低温調理で使う耐熱ポリ袋について

1 食品用を選ぶ

食品用として使えるかどうかを
パッケージを見てチェックしましょ
う。

**2 耐熱温度は
100℃以上を使用**

食品用のポリ袋の中には、 耐熱
温度が80℃くらいのものもある
ため、 パッケージの品質表示で
必ず確認を。

品 質 表 示	
品　名	冷凍保存フリーザーバッグ中
原料樹脂	ポリエチレン
耐冷温度	−30度　耐熱温度｜100度
寸　法	外形180×200mm（+20LIP）厚さ0.06mm
枚　数	50枚
取扱い上の注意	火のそばにおかないで下さい。

耐熱温度は箱の裏に表示されている。

**3 ジッパー式
保存袋が便利**

ジッパー式だと開け閉めがラク
で、 袋のまま冷凍もできるので、
便利。 **ジッパー式でなくても使
用できます**。 口をしばる、 クリッ
プでとめるなどし、 調理中にお
湯が入らないようにしてください。

この本ではMサイ
ズのジッパー式の
保存袋を使用。

低温調理の方法

低温調理の流れを解説します。 P92〜111のレシピは、
このページのやり方を基本としています。 作り始める前に目を通して。

❶ 耐熱ポリ袋に入れる

下ごしらえや下調理がすんだ食材を袋に入れる。
形が崩れない、 味がしみやすいなどを考慮して、
レシピに書かれた順に入れる。

ポリ袋は口を折り返しながら広げ、 袋を立てた状態で食材を入れると、 口が汚れずやりやすい。 袋が立たない場合は、 ボウルなどの中で袋を開いて立てた状態にする。

❷ 空気を抜きながら口を閉じる

密閉した袋の中に空気が多いと、 水
に浮いて加熱ムラの原因になるので、
空気はできるだけ抜いて口を閉じる。

食材を袋の底側に寄せ、 ジッパーを半分だけ閉める。 袋の余白を折り曲げて、 ぎゅっと食材を押すと、 空気が抜ける。 残りのジッパーを閉める。 写真右は中の空気を抜き、 袋を閉じた状態。

❸ 電気圧力鍋に入れる

内鍋に食材を入れたポリ袋を入れ、
水を注ぐ。水の量はMAXの表示まで
（表示がない場合は縁から約5cm下ま
で）。 袋が浮かないよう付属の蒸し
台などをのせる。

水に完全に沈める。 水面に密着するよう、 蒸し台は平らな面を下にしてのせる。 蒸し台のかわりに、 皿をのせてもいい。

> **電気圧力鍋** を **低温調理** に設定

> **温度** を **レシピの温度** に設定

> **時間** を **レシピの時間** に設定

> **スタートボタン** を押す

❹ 低温調理終了

時間終了後、 すぐにふたを開けてOK。 袋をとり出
す。 料理によっては、 調味液につける、 袋ごと氷
水で冷やすなど仕上げ作業がある場合も。

ふたを開けた状態。　　袋から出した状態。

和風ローストビーフ

低温調理でぜひ作ってほしい料理。 最適温度を保って加熱するので、 できあがりはどこを切っても美しいピンク色に!

材料（作りやすい分量・4人分）

牛ももかたまり肉 …… 500g
　塩 …… 小さじ1
　粗びき黒こしょう …… 小さじ1/2
オリーブオイル …… 大さじ1/2

A｜しょうゆ …… 大さじ1と1/2
　｜みりん …… 大さじ1

作り方

❶ 下ごしらえ

牛もも肉 » 塩、 粗びき黒こしょうを全体にすり込み、 15分おく。
A » 耐熱容器に入れ、 ラップをせずに電子レンジ600Wで1分加熱し、 冷まします。

塩、 黒粗びきこしょうを肉の表面全体にすり込む。

❷ 耐熱ポリ袋に入れる

❶の肉全体にオリーブオイルをからめ、 耐熱ポリ袋に入れ、 空気を抜きながら口を閉じる。

低温調理前

材料の入ったポリ袋は、完全に水に沈める。

❸ 電気圧力鍋に入れる

内鍋に❷を入れ、 MAXの表示まで水を注ぐ。 袋が浮かないよう、 付属の蒸し台などをのせて、 ふたを閉める。

❹ 低温調理　温度：**70℃**　時間：**1時間20分**

温度を**70℃**、 時間を**1時間20分**に設定し、 スタートボタンを押す。

低温調理後

Aは電子レンジにかけてアルコール分を飛ばしてから使う。 別のポリ袋に入れ、 低温調理した肉をつけ込む。

❺ 仕上げ

ふたを開けて袋をとり出し、 粗熱がとれるまでおく。
肉を袋から出し、 別の食品用ポリ袋に移す。 **A**を加え、 空気を抜きながら口を閉じる。 1時間以上つけ込む。

＊食べるときに5mmほどの厚さに切って器に盛り、 袋に残った汁をソースがわりにかける。 好みでクレソンを添えて。

味変 *Idea*

つけ込む調味液で味つけに変化を

ここでの味つけは、 しょうゆとみりんで和風だが、 ここにバルサミコ酢大さじ1を加えるとイタリア風に。

保存は、 乾燥を防ぐため、 調味液が入ったポリ袋に入れたままの状態で。 冷蔵庫で5日ほど保存可能。

しっとりサラダチキン

94

塩、砂糖をすり込むと、適度に脱水し、やわらかな塩味に。 低温調理なら、ゆでるよりも肉汁が逃げず、 ジューシーな仕上がりに。

材料（作りやすい分量・4人分）

鶏むね肉 ……… 2枚（1枚300gのもの）　　酒 ……… 大さじ2
A ｜ 塩 ……… 大さじ1/2
　　｜ 砂糖 ……… 小さじ1

作り方

❶ 下ごしらえ

鶏肉 » 皮目5〜6カ所にフォークをさす。 **A**をよく混ぜてから、鶏肉にすり込む。
酒 » 耐熱容器に入れ、 ラップをせずに電子レンジ600Wに30秒かけ、 アルコール分を飛ばす。

皮は縮みやすいので、フォークを刺しておく。

❷ 耐熱ポリ袋に入れる

耐熱ポリ袋に鶏肉を重ならないように入れ、 酒を加え、 空気を抜きながら口を閉じ、 冷蔵庫に1時間おく。

塩、 砂糖は混ぜてから肉全体にすり込む。 砂糖は脱水作用が強く、 塩と混ぜて使うと、 脱水しながら、 適度な塩味がつけられる。

❸ 電気圧力鍋に入れる

内鍋に❷を入れ、 MAXの表示まで水を注ぐ。 袋が浮かないよう、 付属の蒸し台などをのせて、 ふたを閉める。

低温調理前

材料の入ったポリ袋は、完全に水に沈める。

❹ 低温調理 ｜ 温度：**70**℃ ｜ 時間：**60**分

温度を**70**℃、 時間を**60**分に設定し、 スタートボタンを押す。

❺ 仕上げ

ふたを開けて袋をとり出す。 粗熱がとれたら、 肉を袋から出す。

低温調理後

保存は、 乾燥を防ぐため、 調味液が入ったポリ袋に入れたままでいい。 冷蔵庫で3日ほど保存可能。

しっとりサラダチキンでよだれ鶏

【材料（2人分）】
サラダチキン（上記参照）1枚、 セロリ・きゅうり各1本、 ピーナッツ（砕く）大さじ2、 香菜適量、 サラダチキンの調味液大さじ2、 **A**（オイスターソース・しょうゆ・はちみつ・ラー油各大さじ1、 豆板醤・すりおろしにんにく各小さじ1、 すり白ごま・黒酢各大さじ1/2、 あれば花椒10粒）

【作り方】
❶ 耐熱容器に**A**、 サラダチキンの調味液（なければ水）を入れ、 ラップをかけて、 電子レンジ600Wで1分加熱、 粗熱をとる。
❷ セロリ、 きゅうりは縦長の乱切りにし、 器に敷く。 サラダチキンを7mm厚さに切ってのせ、 ①を回しかけ、 ピーナッツ、 香菜をのせる。

自家製オイルツナ

缶詰のツナよりもしっとり、くさみがなく食べやすい。好みでハーブやレモン、カレー粉などでフレーバーをつけても。

自家製オイルツナで
ツナとにんじんの
サンドイッチ
（レシピはP98）

しっとりやわらか チャーシュー

低温調理なら、加熱しすぎることがないので、肉がかたくならない。淡いピンク色で食感なめらか、肉のうまみもしっかり味わえる。

しっとりやわらか
チャーシューで
**手巻き
チャーシューサラダ**
（レシピはP99）

97

自家製オイルツナ

材料（作りやすい分量・4人分）

まぐろ（刺し身用）──── 1さく（300g）
│ 塩──── 小さじ1/2

A │ 塩──── 小さじ1/3
　│ 粗びき黒こしょう──── 小さじ1/4
　│ はちみつ──── 小さじ1
　│ オリーブオイル──── 大さじ2
ローリエ──── 1枚

まぐろは塩をふり、ラップで包み、脱水させて身を締める。 同時に薄い塩味をつける。

袋ごともんで**A**を混ぜてから、 まぐろを入れる。

低温調理前

材料の入ったポリ袋は、完全に水に沈める。

低温調理後

作り方

① 下ごしらえ

まぐろ » キッチンペーパーで水けを拭き、 塩を両面にまぶし、 ラップで包み、 冷蔵庫に30分おく。 ラップをはずし、 水けと表面に残った塩をキッチンペーパーで拭く。

② 耐熱ポリ袋に入れる

耐熱ポリ袋に**A**を順に入れて、 袋ごともんで混ぜる。 ❶のまぐろ、 ローリエを加え、 空気を抜きながら口を閉じる。

③ 電気圧力鍋に入れる

内鍋に❷を入れ、 MAXの表示まで水を注ぐ。 袋が浮かないよう、 付属の蒸し台などをのせて、 ふたを閉める。

④ 低温調理 （温度：**60℃** 時間：**20分**）

温度を**60℃**、 時間を**20分**に設定し、 スタートボタンを押す。

⑤ 仕上げ

ふたを開けて袋をとり出す。 氷水につけて冷ます。

自家製オイルツナで

ツナとにんじんのサンドイッチ（写真はP96）

【材料（1人分）】
食パン（8枚切り）2枚、自家製オイルツナ50g、マヨネーズ小さじ1、バター適量、レタス1枚、キャロットラペ（P113参照）適量

【作り方】
❶ ツナはボウルに入れて粗めにほぐし、 マヨネーズを加えてあえる。
❷ 食パン2枚の片面にバターを塗る。 食パン1枚をバターを塗った面を上にして置き、 レタス、水けを軽くしぼったキャロットラペ、①をのせ、 もう1枚ではさむ。
❸ ラップに包んで10分おき、 ラップごと半分に切る。

保存は、乾燥を防ぐため、調味液が入ったポリ袋に入れたままの状態で。 冷蔵庫で5日ほど保存可能。

しっとりやわらかチャーシュー

材料（作りやすい分量・4人分）

豚肩ロースかたまり肉 —— 500g
　塩 —— 小さじ1/2
　粗びき黒こしょう —— 小さじ1/4
サラダ油 —— 大さじ1/2

A｜しょうゆ —— 大さじ1と1/2
　砂糖 —— 大さじ1
　みりん —— 大さじ1
　しょうが（すりおろし）—— 小さじ1/2
　にんにく（すりおろし）—— 小さじ1/2

作り方

❶ 下ごしらえ

1 » 豚かたまり肉は、全体に何カ所かフォークをさし、塩、粗びき黒こしょうをすり込む。

2 » フライパンに油を熱し、**1**の肉を入れ、強めの中火で全面に焼き色をつける。火を止め、**A**を混ぜてから加え、肉にからめる。

❷ 耐熱ポリ袋に入れる

耐熱ポリ袋に肉、フライパンに残った汁を入れる。空気を抜きながら口を閉じる。

❸ 電気圧力鍋に入れる

内鍋に❷を入れ、MAXの表示まで水を注ぐ。袋が浮かないよう、付属の蒸し台などをのせて、ふたを閉める。

❹ 低温調理　温度：**70**℃　時間：**60**分

温度を**70**℃、時間を**60**分に設定し、スタートボタンを押す。

❺ 仕上げ

ふたを開けて袋をとり出す。粗熱がとれるまでおく。

＊食べるときは、スライスし、袋に残った調味液をソースがわりにかける。

豚かたまり肉は、全体に塩、こしょうをすり込む。網がかかっている場合は、その上からでいい。

肉全体に焼き色がついたら、火を止めてから**A**を加え、転がしながら調味料をからめる。火がついたままだと焦げるので必ず火を止めてから。

低温調理前

材料の入ったポリ袋は、完全に水に沈める。

低温調理後

保存は、乾燥を防ぐため、調味液が入ったポリ袋に入れたままの状態で。冷蔵庫で4日ほど保存可能。

しっとりやわらかチャーシューで

手巻きチャーシューサラダ（写真はP97）

【材料（2人分）】
しっとりやわらかチャーシュー1/2本、サラダ用生野菜［サニーレタス・貝割れ菜・みょうが（細切り）・大葉など］各適量、**A**（マヨネーズ大さじ2、コチュジャン大さじ1、チャーシューの調味液大さじ1、すり白ごま大さじ2）

【作り方】
❶ チャーシューは2〜3mm厚さにスライスする。**A**を混ぜてソースを作る。
❷ 生野菜を食べやすく切って器に盛り、チャーシューも盛る。野菜で肉を巻いたり、肉に薬味用野菜をのせたりして、ソースをかけて食べる。

肉汁あふれる ハンバーグ

びっくりするほどふんわり、どこを切っても
ジューシー。少し手間はかかるけど、わざわ
ざ作る価値があると思うはず。

サーモンのミキュイ風

ミキュイとは半分火が通ったという意味。ここでは完全に火は通すが、60℃の低温で調理するため、半生のようなソフトな食感に。

101

肉汁あふれるハンバーグ

材料（2人分）

合いびき肉 ……… 200g	パン粉 ……… 大さじ3
玉ねぎ ……… 1/4個（50g）	溶き卵 ……… 1/2個分
A 塩 ……… 小さじ1/3	小麦粉 ……… 大さじ1/2
サラダ油 ……… 小さじ1	サラダ油 ……… 大さじ1/2
トマトケチャップ ……… 大さじ1	**B** トマトケチャップ ……… 大さじ3
ナツメグパウダー ……… 少々	中濃ソース ……… 大さじ2
粗びき黒こしょう ……… 少々	赤ワイン ……… 大さじ2

全体に小麦粉をまぶ
すことで表面を固め、
肉汁が逃げにくくな
り、ソースにとろみも
つく。

全体に焼き色をつけた
ら、火を止めて、**B**を
混ぜてから加える。ハ
ンバーグが崩れやすい
のでからめなくていい。

作り方

① 下ごしらえ

1 » 玉ねぎはみじん切りにして耐熱ボウルに入れ、**A**を混ぜる。軽くラップ
をかけて600Wの電子レンジで1分30秒加熱。とり出してよく混ぜ、冷ま
す。**2** » 1に合いびき肉、溶き卵、パン粉を加え、粘りが出るまでこねる。
2等分にし、小判型に成形する。**3** » 形を安定させるため、冷蔵庫に30
分おく。とり出して小麦粉をまぶす。**4** » フライパンにサラダ油を熱し、**3**
を並べ入れ、強めの中火で両面に焼き色をつけ、火を止める。**B**を加える。

② 耐熱ポリ袋に入れる

耐熱ポリ袋に❶-4を重ならないように入れ、ソースも加える。空気を抜き
ながら口を閉じる。

③ 電気圧力鍋に入れる

内鍋に❷を入れ、MAXの表示まで水を注ぐ。袋が浮かないよう、付属の
蒸し台などをのせて、ふたを閉める。

④ 低温調理 温度：**70**℃ 時間：**60**分

温度を**70**℃、時間を**60**分に設定し、スタートボタンを押す。

⑤ 仕上げ

ふたを開けて袋をとり出す。袋から器にとり出す。

＊好みで、つけ合わせにベビーリーフなどを添える。

低温調理前

材料の入ったポリ袋は、
完全に水に沈める。

低温調理後

食べ方 Arrange

**おもてなしに使える
つけ合わせアイディア**

目玉焼き、ポテトサラダ（P117）
を添えると、カフェのランチプ
レート風に。

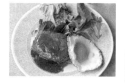

サーモンのミキュイ風

材料（2人分）

サーモン（刺し身用）
　　……… 1さく（250～300g）
A｜塩 ……… 小さじ1/2
　　｜砂糖 ……… 小さじ1/3

ディル（刻む）……… 1枝
オリーブオイル ……… 大さじ1と1/2

作り方

① 下ごしらえ

A » 混ぜる。

サーモン » 半分に切り、**A**を全体にすり込む。ラップでぴったりと包み、冷蔵庫に1時間おく。ラップをはずし、キッチンペーパーで水けを拭き、ディルをまぶす。

② 耐熱ポリ袋に入れる

耐熱ポリ袋に①のサーモン、オリーブオイルを入れ、空気を抜きながら口を閉じる。

③ 電気圧力鍋に入れる

内鍋に②を入れ、MAXの表示まで水を注ぐ。袋が浮かないよう、付属の蒸し台などをのせて、ふたを閉める。

④ 低温調理 ［温度：**60**℃］［時間：**10**分］

温度を**60**℃、時間を**10**分に設定し、スタートボタンを押す。

⑤ 仕上げ

ふたを開けて袋をとり出し、袋ごと氷水につけて冷ます。

＊食べるときは、ハーブ類、ベビーリーフなどを添えてそのまま食べる。
　または、P101の写真のようにチーズクリームソース（下記参照）を添えても。

食べ方 *Arrange*

**サーモンのミキュイ風に添える
チーズクリームソースの作り方**

マスカルポーネチーズ（なければクリームチーズ）80g、ディル（粗みじん切り）大さじ1、ケイパー大さじ1をよく混ぜる。

塩と砂糖を混ぜてサーモンにすり込む。塩と砂糖を混ぜると、魚の余分な水けを除きつつも、塩辛くなりすぎないのが利点。

ラップを密着させるよう、ぴったりと包む。

耐熱ポリ袋に、ハーブをまぶした魚を入れ、オリーブオイルを加える。

低温調理前

材料の入ったポリ袋は、完全に水に沈める。

低温調理後

保存は、乾燥を防ぐため、オリーブオイルが入ったポリ袋に入れたままの状態で。冷蔵庫で2日ほど保存可能。

鶏レバーのコンフィ

コンフィとは、素材を約80℃に保った油で煮るフレンチの調理法。鍋を使うと油が大量に必要で温度管理も大変。低温調理なら簡単、手軽。

鶏レバーのコンフィで

レバーの ピリ辛おつまみ

（レシピはP106）

グリーンオリーブ、赤唐辛子の小口切りと一緒におつまみに。パセリを散らしても。

かつおの和風コンフィ

しょうゆの味つけ、粉山椒の香りづけ、油はごま油にすると、コンフィもフレンチから和食に変身。ごはんによく合うおかずに。

かつおの和風コンフィで

かつおのてこね寿司

（レシピはP107）

鶏レバーのコンフィ

材料（2人分）

鶏レバー ……… 200g
A｜牛乳 ……… 適量
　｜にんにく（すりおろし）
　｜　……… 小さじ2/3
　｜粗びき黒こしょう ……… 小さじ1/4
塩 ……… 小さじ1/2
ローリエ ……… 1枚
赤唐辛子（小口切り）
　……… 1/2本分
オリーブオイル ……… 大さじ2

作り方

牛乳に浸すことで、レバーのくさみが抜け、ぐっと食べやすくなる。

❶ 下ごしらえ

鶏レバー » 白いすじの部分を除き、一口大に切る。氷水に入れ、混ぜながら洗い、キッチンペーパーで水けを拭く。ボウルに入れ、レバーがかぶるくらいの牛乳を入れ、冷蔵庫に2時間おく。牛乳をきり、再び氷水に入れ、混ぜながら洗い、キッチンペーパーで水けを拭く。

低温調理前

材料の入ったポリ袋は、完全に水に沈める。

❷ 耐熱ポリ袋に入れる

耐熱ポリ袋に**A**を入れ、袋ごと軽くもんで混ぜる。❶のレバーをレバー同士が重ならないように加え、空気を抜きながら口を閉じる。

❸ 電気圧力鍋に入れる

内鍋に❷を入れ、MAXの表示まで水を注ぐ。袋が浮かないよう、付属の蒸し台などをのせて、ふたを閉める。

低温調理後

❹ 低温調理　温度:80℃　時間:20分

温度を**80**℃、時間を**20**分に設定し、スタートボタンを押す。

❺ 仕上げ

ふたを開けて袋をとり出し、袋ごと氷水につけて冷ます。袋から出して汁をきり、別の食品用ポリ袋に入れ、オリーブオイル大さじ2（分量外）を加える。

調理後、すぐに氷水につけ、余熱で加熱が進まないようにする。

保存は、乾燥を防ぐため、オリーブオイルが入ったポリ袋に入れたままの状態で。冷蔵庫で3日ほど保存可能。

かつおの和風コンフィ

材料（2人分）

かつお（刺し身用）…… 1さく（200g）
│ 塩 …… 小さじ1/3

A │ しょうゆ …… 大さじ1と1/2
　│ 粉山椒 …… 小さじ1/2
　│ ごま油 …… 大さじ2

作り方

① 下ごしらえ

かつお » 塩をまぶし、 ラップでぴったりと包み、 冷蔵庫に30分おく。 ラップをはずし、 キッチンペーパーで水けと表面に残った塩を拭く。

② 耐熱ポリ袋に入れる

耐熱ポリ袋に**A**を入れ、 袋ごと軽くもんで混ぜる。 ①のかつおを加え、 空気を抜きながら口を閉じる。

③ 電気圧力鍋に入れる

内鍋に②を入れ、 MAXの表示まで水を注ぐ。 袋が浮かないよう、 付属の蒸し台などをのせて、 ふたを閉める。

④ 低温調理　温度：60℃　時間：20分

温度を**60℃**、 時間を**20分**に設定し、 スタートボタンを押す。

⑤ 仕上げ

ふたを開けて袋をとり出し、 袋ごと氷水につけて冷ます。

かつおの和風コンフィで

かつおのてこね寿司（写真はP105）

【材料（2人分）】
かつおの和風コンフィ…1/2さく、 すし飯…300～400g、 万能ねぎ（小口切り）…適量

【作り方】
❶ かつおのコンフィは2mmほどの厚さにスライスする。
❷ すし飯を器に盛り、 ①をのせる。 好みで万能ねぎ、 みょうがを切って散らし、 ごまをふる。

保存は、 乾燥を防ぐため、 調味液が入ったポリ袋に入れたままの状態で。 冷蔵庫で5日ほど保存可能。

低温調理でコンフィを作ると、 油の量はたったの大さじ2。 オリーブオイルなら洋風、 ごま油なら和風や中華風と、 油の種類で風味を変えられる。

低温調理前

材料の入ったポリ袋は、 完全に水に沈める。

低温調理後

調理後、 すぐに氷水につけ、 余熱で加熱が進まないようにする。

昔ながらの プリン

低温調理は加熱温度が難しい卵料理が得意。ピンポイントの温度で調理することができるため、プリンはすが入らず、失敗知らず。

108

いちごのコンフィチュール

いちごのコンフィチュールで
いちごヨーグルト
（レシピはP109）

低温調理で作るいちごジャムです。水分が蒸発しないので、とろみはつきません。果肉がつぶれず、色も鮮やかに仕上がるのが特徴。

型（耐熱容器）にカラメルソースを注ぎ、完全に固まる（手でさわるとかたく、何もついてこない）までそのままおく。

低温調理前

型（耐熱容器）にプリン生地を注ぎ、水をはった内鍋に入れる（付属の蒸し台があれば敷く）。

容器にアルミホイルをかぶせる。

低温調理後

内鍋からとり出したところ。全体に均一に加熱され、すも入らない。

昔ながらのプリン

材料（直径15cm×高さ6.5cmの丸型耐熱容器1個分）

卵 ……… 3個	カラメルソース
卵黄 ……… 1個分	砂糖 ……… 50g
砂糖 ……… 90g	水 ……… 大さじ1
牛乳 ……… 350㎖	熱湯 ……… 大さじ1
バニラエッセンス ……… 5滴	

作り方

① 下ごしらえ

1» カラメルソースを作る。小鍋に砂糖と水を入れてよく混ぜ、中火にかける。褐色になり、うっすら煙が出てきたら、火を止め、すぐに熱湯を加えてよく混ぜる。

2» **1**を熱いうちに耐熱容器に注ぎ、冷めて固まるまでおく。

3» ボウルに卵を割り入れ、卵黄を加え、よく混ぜる。砂糖を加えてさらに混ぜる。

4» 牛乳を沸騰直前まで温め、**3**に一気に入れてよく混ぜ、バニラエッセンスを加える。これを茶こしでこしながら、**2**に入れる。

② 耐熱容器を電気圧力鍋に入れる

内鍋に、高さ5cmほど水を入れ（最終的に、プリンの容器が2/3つかる程度が目安）、付属の蒸し台を敷き、❶-4をのせ、プリンの容器よりひと回り大きめに切ったアルミホイルをかぶせる。

③ 低温調理　温度：**85**℃　時間：**60**分

温度を**85**℃、時間を**60**分に設定し、スタートボタンを押す。

④ 仕上げ

ふたを開けて容器をとり出す。粗熱をとり、冷蔵庫で冷やす（ひと晩が目安）。

食べ方 Arrange

プリンの仕上げ

好みの大きさに切り分け、生クリームをしぼったり、フルーツを添えてプリンアラモード風に。

いちごのコンフィチュール

材料（作りやすい分量・4人分）

いちご ……… 150g
グラニュー糖 ……… 50g
レモン汁 ……… 大さじ1/2

作り方

❶ 下ごしらえ

いちご » 洗って水けを拭き、へたを除く。

❷ 耐熱ポリ袋に入れる

耐熱ポリ袋にいちご、グラニュー糖の順に入れ、袋の上から手のひらで押して軽くつぶし、少量の果汁を出す。レモン汁を加え、空気を抜きながら口を閉じる。

❸ 電気圧力鍋に入れる

内鍋に❷を入れ、MAXの表示まで水を注ぐ。袋が浮かないよう、付属の蒸し台などをのせて、ふたを閉める。

❹ 低温調理　温度：80℃　時間：20分

温度を**80℃**、時間を**20分**に設定し、スタートボタンを押す。

❺ 仕上げ

ふたを開けて袋をとり出す。粗熱をとり、冷蔵庫に半日以上入れて冷やす。

＊ポリ袋に入れたままの状態で冷蔵庫で5日ほど保存可能。

いちごのコンフィチュールで

いちごヨーグルト（写真はP109）
ヨーグルトにいちごのコンフィチュールを、シロップごと添える。好みでミントを飾っても。このほか、アイスクリーム、フレンチトーストにかけてもおいしい。

耐熱ポリ袋にいちごを入れ、グラニュー糖を加える。袋を軽く振って、いちごの上下を返し、いちご全体に砂糖をまぶすようにする。

手のひらのつけ根で押して、いちごを軽くつぶす。低温調理中は果汁が出にくいので、ここで果汁を出すと、砂糖と混ざることで、鮮やかな赤いシロップに。

低温調理前

素材が入ったポリ袋を完全に水に沈める。

低温調理後

ポリ袋でもみもみ サラダ&あえもの

電気圧力鍋で作ったおかずの副菜になりそうなサラダやあえものを紹介します。材料を入れてももむだけなのに、箸が止まらないおいしさ！

ツナのオイルと塩けがいい調味料に

キャベツとツナのレモンコールスロー

みょうがの香りと梅の酸味がアクセント

長いもとみょうがの梅あえ

レモンとはちみつで甘酸っぱい味わい

パプリカとカッテージチーズのマリネ

ピリ辛きゅうり

きゅうりはたたいて砕くと
味がしみやすい

白菜の超浅漬け

にんにく、唐辛子は
好みで加減しても

キャロットラペ

にんじんのせん切りは
スライサーを使うと便利

For waiting time
for cooking
in an electric
pressure cooker

キャベツとツナのレモンコールスロー

材料（2人分）

キャベツ ── 1/4個（220〜300g）	レモン（薄切り）── 2枚
ツナ油漬け（缶詰）── 小1缶（75g）	マヨネーズ ── 大さじ2
	粗びき黒こしょう ── 少々

作り方

❶ キャベツは食べやすい大きさにちぎる。 レモンは細かく切る。

❷ 食品用ポリ袋にキャベツ、 ツナ（缶汁ごと）を入れる。 レモン、 マヨネーズ、 粗びき黒こしょうを加え、 袋ごともみ、 空気を抜くように口を閉じ、 冷蔵庫に10分おく。

長いもとみょうがの梅あえ

材料（2人分）

長いも ── 300g	削り節 ── 1袋（2.5g）
みょうが ── 1個	ポン酢しょうゆ ── 大さじ1
梅干し（練り梅でも）── 1個	

作り方

❶ 長いもは皮をむいて食品用ポリ袋に入れ、 めん棒などでたたいて粗く砕く。 みょうがはせん切りにし、 梅干しは種を除いてほぐしながら加える。

❷ ポン酢しょうゆ、削り節を加え、袋ごともみ、空気を抜くように口を閉じ、冷蔵庫に10分おく。

パプリカとカッテージチーズのマリネ

材料（2人分）

パプリカ（赤・黄）── 各1/2個	**A**	レモン汁 ── 大さじ1
カッテージチーズ ── 50g		はちみつ ── 大さじ1/2
		塩 ── 小さじ1/3
		粗びき黒こしょう ── 少々

作り方

❶ パプリカは5mm幅に切って食品用ポリ袋に入れる。 **A**を加えて袋ごともみ、 空気を抜くように口を閉じ、 冷蔵庫に10分おく。

❷ ❶の水けを軽くきり、 カッテージチーズを加えて混ぜる。

ピリ辛きゅうり

材料（2人分）

きゅうり —— 2本

A | ねぎ（粗みじん切り）
　　 —— 1/6本分
　| ごま油 —— 大さじ1/2

ポン酢しょうゆ —— 大さじ1と1/2
塩 —— 少々
赤唐辛子（小口切り）—— 1/2本分

作り方

❶ きゅうりは端を落とし、長さを4等分し、食品用ポリ袋に入れ、めん棒で軽くたたきながら食べやすい大きさに砕く。

❷ Aを加え、袋ごともみ、空気を抜くように口を閉じ、冷蔵庫に10分おく。

白菜の超浅漬け

材料（2人分）

白菜 —— 1/8株（200g）
にんにく —— 1/2かけ

A | 削り節 —— 1袋（2.5g）
　| いり白ごま —— 大さじ1/2
　| 塩 —— 小さじ1/2
　| 赤唐辛子（小口切り）—— 1/2本分

作り方

❶ 白菜は横5mm幅に切り、にんにくは薄切りにして食品用ポリ袋に入れる。

❷ Aを加え、袋ごともみ、空気を抜くように口を閉じ、冷蔵庫に10分おく。

キャロットラペ

材料（2人分）

にんじん —— 1本

A | 塩 —— 小さじ1/2
　| はちみつ —— 小さじ1

レモン汁 —— 大さじ1/2
オリーブオイル —— 小さじ1
クミンシード（あれば）—— 小さじ1/3

作り方

❶ にんじんは皮をむいて、細めのせん切りにし、食品用ポリ袋に入れる。

❷ Aを加え、袋ごともみ、空気を抜くように口を閉じ、冷蔵庫に10分おく。

レンチン副菜

電子レンジでチンして作る副菜です。電気圧力鍋でメインを作って、さてあともう1品というときにぜひ用意したい小さなおかずです。

彩りナムル

冷蔵庫の残り野菜を組み合わせてもOK

いんげんとパプリカのハニーピーナッツあえ

ピーナッツバターがなければ練りごまでも

ちくわとピーマンのチンジャオロース風

肉のかわりにちくわを細切りにして

ブロッコリーとベーコンの ペペロンチーノ風

レンジ加熱したあと にんにくとオイルであえる

なすの担々ごまあえ

蒸しなすに ピリ辛ごまだれをかけて

ポテトサラダ

じゃがいもはレンチン後 熱いうちにつぶす

**For waiting time
for cooking
in an electric
pressure cooker**

117

彩りナムル

材料（2人分）

もやし —— 1/2袋
パプリカ（赤）—— 1/2個
小松菜 —— 1/2束
塩 —— 小さじ1/2

酒 —— 大さじ1
A｜ ごま油 —— 大さじ1/2
　｜ いり白ごま —— 大さじ1/2

作り方

❶ パプリカは5mm幅に切る。 小松菜は茎4cm、 葉1cm長さに切る。

❷ 大きめの耐熱ボウルに❶、もやし、塩、酒を入れてよく混ぜる。 軽くラップをかけ、 600Wの電子レンジで4分加熱し、 とり出して1分おく。

❸ Aを加えてよく混ぜる。

いんげんとパプリカのハニーピーナッツあえ

材料（2人分）

さやいんげん
　—— 10～12本（100g）
パプリカ（黄色）—— 1/2個

A｜ ピーナッツバター —— 大さじ3
　｜ はちみつ —— 大さじ1/2
　｜ しょうゆ —— 大さじ1/2

作り方

❶ さやいんげんはへたを切り落とし、 半分に切り、 耐熱ボウルに入れる。 Aを加えて混ぜる。

❷ パプリカを7mm幅に切り、 ❶に加えてさらに混ぜ、 軽くラップをかける。 600Wの電子レンジで5分加熱する。

❸ とり出してよく混ぜる。 好みでバターピーナッツ少々（分量外）を砕いてかける。

ちくわとピーマンのチンジャオロース風

材料（2人分）

ちくわ —— 2本
ピーマン —— 3個
オイスターソース —— 小さじ1

ごま油 —— 小さじ1
粗びき黒こしょう —— 少々

作り方

❶ ちくわは長さを半分に切り、 開いて5mm幅に細長く切る。 ピーマンは7mm幅に切る。

❷ ❶を大きめの耐熱ボウルに入れ、 オイスターソースを混ぜ、 軽くラップをかける。 600Wの電子レンジで3分加熱する。

❸ とり出して、 ごま油を加えて、 粗びき黒こしょうをふって混ぜる。

ブロッコリーとベーコンの ペペロンチーノ風

材料（2人分）

ブロッコリー ────── 1/2株
ベーコン（スライス）────── 2枚
赤唐辛子（小口切り）
　────── 1本分
塩 ────── 少々
粗びき黒こしょう ────── 少々
にんにく（すりおろし）────── 小さじ1
オリーブオイル ────── 大さじ1

作り方

❶ ブロッコリーは小房に分け、軸はかたい部分は除いて5mm幅に切り、大きめの耐熱ボウルに入れる。塩、粗びき黒こしょう、赤唐辛子を加え混ぜる。

❷ ベーコンを2cm幅に切り、ベーコン同士が重ならないように❶にのせる。軽くラップをかけ、600Wの電子レンジで5分加熱する。

❸ とり出してにんにく、オリーブオイルであえる。

なすの担々ごまあえ

材料（2人分）

なす ────── 3本
酒 ────── 大さじ1

A すり白ごま ────── 大さじ3
めんつゆ（3倍濃縮）────── 大さじ1/2
食べるラー油 ────── 大さじ1

作り方

❶ なすは皮をむいて、耐熱ボウルに並べ、酒を回しかけ、軽くラップをかける。600Wの電子レンジで7分加熱する。加熱したなすは半分に裂いて器に盛る。蒸し汁はとっておく。

❷ ボウルに**A**、❶の汁大さじ1〜2を混ぜてたれを作り、なすにかける。

ポテトサラダ

材料（2人分）

じゃがいも ────── 2個（300g）
ベーコン（スライス）────── 2枚
マヨネーズ ────── 大さじ3
粒マスタード ────── 小さじ1
パセリ（あれば）────── 少々

作り方

❶ じゃがいもは皮をむいて、5mm厚さの輪切りして耐熱ボウルに入れる。マヨネーズ大さじ1/2を加え、よく混ぜる。

❷ ベーコンは2cm幅に切り、ベーコン同士が重ならないように❶にのせ、軽くラップをかける。600Wの電子レンジで7分加熱する。

❸ とり出して、熱いうちに混ぜながらじゃがいもをつぶし粗熱をとる。粒マスタード、残りのマヨネーズを加えて混ぜ、パセリを散らす。

簡単・汁もの

スープやみそ汁があると食事の満足度が上がりますよね。さっとできて、とびきりおいしい汁ものはこちら！

トマトと卵の中華スープ

とろみをつけてから卵を入れるのがコツ

かぶとはんぺんのスープ

かぶの茎と葉も捨てずに彩りとして使って

さば缶のピリみそスープ

さばの水煮の缶汁がいいだしになります

ふわふわ卵入りの
中華風コーンスープ

コーンスープ

すりおろした長いもが
とろとろの秘密

豆苗のとろとろみそ汁

豆乳を酢で
やわらかく固めたスープ

台湾風豆乳スープ

**For waiting time
for cooking
in an electric
pressure cooker**

トマトと卵の中華スープ

材料（2人分）

トマト —— 1個
溶き卵 —— 1/2個分
A｜水 —— 400mℓ
　｜塩 —— 小さじ1/2
　｜酒 —— 大さじ1
水溶き片栗粉 ——
　（片栗粉大さじ1/2、水大さじ1を混ぜたもの）
ごま油 —— 小さじ1
粗びき黒こしょう —— 少々

作り方

❶ トマトはざく切りにする。

❷ 鍋に**A**を入れて火にかけ、沸騰したら、トマトを加える。煮立ったら、水溶き片栗粉を加えてとろみをつける。

❸ 溶き卵を細くたらしながら回し入れ、ごま油と粗びき黒こしょうを加える。

かぶとはんぺんのスープ

材料（2人分）

かぶ —— 1個
はんぺん —— 1枚
水 —— 400mℓ
昆布茶 —— 小さじ2
塩、粗びき黒こしょう —— 各少々

作り方

❶ かぶは皮つきのまま薄切りにし、葉と茎は細かく刻む。はんぺんは細かくちぎる。

❷ 鍋に薄切りのかぶ、分量の水、昆布茶を加えて火にかける。沸騰したら、かぶの茎と葉、はんぺんを加える。

❸ 煮立ったら、塩、粗びき黒こしょうを加える。

さば缶のピリみそスープ

材料（2人分）

さば水煮（缶詰）
　—— 1缶（170g）
長ねぎ（薄い小口切り）
　—— 1/2本分
A｜水 —— 300mℓ
　｜にんにく（すりおろし）
　｜　—— 小さじ1
　｜豆板醤 —— 小さじ1
みそ —— 大さじ2

作り方

❶ 鍋にさばの水煮を缶汁ごと入れ、**A**を加えて火にかける。

❷ 沸騰したら長ねぎを入れ、みそをといて混ぜる。好みで小口切りの長ねぎ少々（分量外）をのせる。

コーンスープ

材料（2人分）

クリームコーン（缶詰）── 200ml
鶏がらスープの素 ── 小さじ1
水 ── 150ml
水溶き片栗粉 ──（片栗粉大さじ1/2、
　　水大さじ1を混ぜたもの）

溶き卵 ── 1/2個分
塩、粗びき黒こしょう ── 各少々
万能ねぎ（小口切り あれば）
　　── 少々

作り方

❶ 鍋にクリームコーン、鶏がらスープの素、分量の水を入れて火にかける。沸騰したら、水溶き片栗粉を加えてとろみをつける。

❷ 溶き卵を細くたらしながら回し入れ、塩、粗びき黒こしょうを加え、万能ねぎを散らす。

豆苗のとろとろみそ汁

材料（2人分）

豆苗 ── 1/2袋
長いも ── 50g
だし（かつおだしなど）── 400ml

みそ ── 大さじ2
すり白ごま ── 大さじ1

作り方

❶ 豆苗は根元を切り落とし、3cm長さに切る。長いもは皮をむいて、すりおろす。

❷ 鍋にだしを入れて火にかけ、沸騰したら豆苗を加える。煮立ったら火を止め、みそをといて混ぜる。

❸ 器に注ぎ、長いもを加え、すり白ごまをふる。

台湾風豆乳スープ

材料（2人分）

豆乳（無調整）── 400ml
酢 ── 大さじ1
塩 ── 小さじ1/2

好みのトッピング
（刻んだザーサイ、すり白ごま、ラー油
香菜、乾燥桜えびなど）── 適量

作り方

❶ 鍋に豆乳を入れて火にかけ、沸騰したら酢を回し入れ、軽く混ぜる。

❷ ❶がゆるく固まったら、塩を加えひと混ぜする。器に盛り、好みのトッピングをのせて食べる。

電気圧力鍋
Q & A

電気圧力鍋の「なぜ?」「どうすれば?」にお答えします。
機能や使い方などについては、この本で使った電気圧力鍋のメーカーの方に、
調理テクニックや料理に関しては料理指導の上島先生にうかがいました。

機能・使い方編

Q1 電気圧力鍋は、 直火の圧力鍋に比べて、 かかる圧力は弱いですか?

A 電気圧力鍋だから圧力が弱いとは一概にはいえません。 ガス火の圧力鍋も圧力が低いものから高いものまで、 製品によって異なります。 ティファールの「クリプソ ミニット パーフェクト 4.5L」(直火式の圧力鍋)は65kPa。 これに対して、「ラクラ・クッカー　コンパクト　電気圧力鍋」は70kPa。 ＊kPa (キロパスカル)とは圧力を表す単位で、数が大きいほうが圧力は高い。

Q2 パスタなど、 ふくらむ素材の料理は禁止のようですが、 なぜですか?

A 調理によって分量が増えるものは、 蒸気口から煮汁が噴出したり、 食材が蒸気口に詰まってしまう原因になるため、 危険です。

Q3 圧力調理で味はしみ込みますか?

A しみ込みます。
ただし、 調理後に時間をおいたほうが、 より味はしみ込みます。

Q4 強制排気機能は、 使用しなくていいですか?

A 使用しない場合は、 そのまま圧力が抜けるまで放置してください。 その際もふたを開ける前に排気ボタンを押して、 鍋の中に圧力が残っていないことを確認してください。 圧力が抜けたあと、 気温が高い場合には、食材や料理を入れたまま長時間の放置はしないでください。

Q5 朝、 電気圧力鍋に食材を入れて予約して、 夕方から夜にできあがるようにして出かけるなど、 予約機能を利用する場合、 生の肉や魚を入れておいても大丈夫?

A 生肉・生卵・生魚介類などの食材は、 予約調理には使用しないでください。 入れたまま常温で長時間放置することになり、 腐敗やにおいの原因となります。

Q6 内鍋に料理のにおいが残る場合、 対処法は?

A 使用後は部品をはずして、 丁寧に手入れすることで、 におい残りは少なくなります。 とくにゴムパッキン部分をはずして洗い、 よく乾燥させます。 ふたを閉めきらずに開放して乾燥させてください。 それでもにおいが気になる場合は、 洗い桶に濃く煮だした日本茶をたっぷり入れ、 金属ぶたをひと晩つけおきしたあと、 水洗いして風通しのいいところで乾かしてください。

Q7
A
圧力調理の際、 食材を入れる順番に決まりはありますか?

かたい食材、 やわらかくしたい食材を先に入れ、 煮崩れやすい食材、 火の通りやすい食材は上にのせるのが基本です。 たとえば、 P48のポトフのように数種類の食材が入る場合、 かたまり肉を最初に。 野菜は、 煮崩れしにくいにんじんから、 じゃがいも (大きく切ること)、 玉ねぎを入れ、 ソーセージやキャベツなど火が通りやすいものは上にのせます。また、 P30のハッシュドポークなど薄切り肉を使う場合は、 野菜の間にはさむようにして入れる、 または上にのせると、 火の通りがおだやかになり、 かたくなりにくいです。

Q8
A
味つけで注意することは?

電気圧力鍋は、 ふたをしたら途中で味の調整ができません。 調味料はまずはレシピ通りに作ってみてください。 また、 煮物などの場合、 Aでくくった調味料は、 あらかじめ混ぜてから加えましょう。 味のかたよりがなくなり、 均一に味がしみ込みやすくなります。

Q9
A
煮物の仕上がりがびしゃびしゃで、 味が薄くなってしまいました。

圧力調理は密閉状態での加熱なので、 鍋で煮るよりも水分の蒸発が少ないため、 水っぽい仕上がりになることがあります。 この場合は、 ふたを開けた状態で、 再加熱や煮るなどの機能を利用して、 少し水分を蒸発させるといいでしょう。

Q10
A
ふたを開けてみたら、 煮物の色が薄く、 味がしみ込んでいないように思います。

ふたを開けたら、 必ず底から返すように混ぜ、 底にたまっている煮汁を全体にからめましょう。 また、 味は冷めるときに食材にしみます。 粗熱がとれるくらいまで少しおきます。

Q11
A
低温調理に向く食材はありますか?

低温調理はフランスのハム・ソーセージの工場の湯煎調理から発達したといわれており、特に肉料理が得意です。 肉は微妙な焼き加減によってレア、 ミディアムなど差が出ます。 それが常に同じ仕上がりになるのです。 初心者はサラダチキン、 ローストビーフから始めるのがおすすめ。 鍋で作ったものとはなめらかさや食感が違います。

Q12
A
低温調理は、 レシピの温度設定を変えてもいいですか?

低い温度設定にする場合は、 加熱があまくなり、 食中毒の原因になったり、 食材がきちんと加熱されないことがあるので注意してください。 肉のたんぱく質は65℃で火が通ります。 ですから、 ステーキやローストビーフの場合、 65℃より温度を下げないのがおすすめ。この本では肉は70℃に設定しています。 魚の場合は50℃くらいで火が通りますが、 その付近の温度帯は、 魚の身が非常に崩れやすいので、 この本では60℃に設定しています。卵 (全卵) の場合は、 85℃が適温です。 ちなみに、 野菜は95℃で火が通ります。

Profile

上島亜紀 (かみしま あき)

料理研究家。ジュニア・アスリートフードマイスター、パン講師、食育アドバイザーの資格を持つ。神奈川県の自宅にて、料理教室「A's Table」を主宰。気軽な家庭料理からおもてなし料理、パンや洋菓子まで得意分野が幅広く、確かな技術を持つ。生活に根ざしたアイディアあふれる料理が人気で、女性誌や単行本を中心にメディアでも活躍。カフェや企業のレシピ提供や監修なども手がける。著書に、『強力粉100g、ベンチタイムなし。90分でできる丸いパン』(成美堂出版)、『らく弁、メインのおかずは10種類だけ』(主婦と生活社)、『頑張らなくていい仕込み1分の冷凍作りおき』(ナツメ社)、『2ステップで、絶品ごちそう料理』(学研プラス)など多数。

Staff

アートディレクション	原てるみ (mill inc.)
撮影	佐山裕子 (主婦の友社)
デザイン	大野郁美　尾形舞衣　野呂翠 (mill inc.)
スタイリング	宮沢ゆか
編集	杉岾伸香
調理アシスタント	柴田美穂
DTP制作	鈴木庸子 (主婦の友社)
編集担当	宮川知子 (主婦の友社)

はじめてでも簡単!
毎日がラクになる電気圧力鍋の絶品レシピ

2021年8月20日　第1刷発行
2022年2月28日　第3刷発行

著　者　上島亜紀
発行者　平野健一
発行所　株式会社主婦の友社
　　　　〒141-0021　東京都品川区上大崎3-1-1目黒セントラルスクエア
　　　　電話 03-5280-7537 (編集)
　　　　　　　03-5280-7551 (販売)
印刷所　大日本印刷株式会社

©Aki Kamishima 2021
Printed in Japan　ISBN978-4-07-448640-3